Wenzler
Die Stimme in den Stimmen

Freiburger Akademieschriften, Band 3
Herausgegeben von der
Katholischen Akademie der Erzdiözese Freiburg

LUDWIG WENZLER (Hg.)

Die Stimme in den Stimmen

Zum Wesen der Gotteserfahrung

Mit Beiträgen von
Ludwig Wenzler, Alois Halder,
Josef Wohlmuth, Paul Konrad Kurz,
Cornelia Liesenfeld

Patmos Verlag Düsseldorf

Die Deutsche Bibliothek – CIP-Einheitsaufnahme

Die **Stimme in den Stimmen** : zum Wesen der Gotteserfahrung /
Ludwig Wenzler (Hg.). Mit Beitr. von Alois Halder . . . –
1. Aufl. – Düsseldorf : Patmos-Verl., 1992
(Freiburger Akademieschriften ; 3)
ISBN 3-491-77045-9
NE: Wenzler, Ludwig [Hrsg.]; Halder, Alois; Katholische Akademie der Erzdiözese Freiburg: Freiburger Akademieschriften

1. Auflage 1992
Umschlaggestaltung: Peter J. Kahrl, Neustadt/Wied
Satz: Katholische Akademie der Erzdiözese Freiburg
Druck und Bindung: Lengericher Handelsdruckerei, Lengerich
ISBN 3-491-77045-9

Inhalt

Ludwig Wenzler

Erfahrungen mit Gott

Am 4. und 5. Mai 1991 führte die Katholische Akademie der Erzdiözese Freiburg eine Tagung durch, die unter dem Thema »Die Stimme in den Stimmen. Zum Wesen der Gotteserfahrung« stand. Die Referate dieser Tagung werden im vorliegenden Band veröffentlicht. Sie gehen das Thema unter je verschiedenen Aspekten und von unterschiedlichen Standpunkten aus an. Ziel der Tagung war es, den spezifischen Charakter der Erfahrung Gottes deutlich zu machen.[1] Den Tagungsbeiträgen wird hier der Versuch vorausgeschickt, von einem religionsphänomenologischen Ansatz aus einige Aspekte des Themas aufzuzeigen. Die Eigenart der Erfahrung Gottes besteht - um schon vorab einen Blick auf das Ergebnis der Überlegungen zu werfen- darin, daß Gott vorzüglich als einer, der zum Menschen *spricht*, erfahren wird. Andere Weisen der Erfahrung Gottes sind nur möglich, wenn sie zumindest auf sein Sprechen bezogen sind. Das Sprechen Gottes aber steht nicht als isolierte, objektivierbare Realität im Raum,[2] sondern es ist an einen Partner, an einen, der hören und antworten kann, gerichtet. Es ist ein Sprechen zum Menschen und mit dem Menschen. Dabei wird der Mensch so von Gott angesprochen, daß das antwortende Sprechen des Menschen unverzichtbar ist für das Sprechen Gottes und Gott nur *in* der Antwort des Menschen vernommen werden kann.

Weil der Mensch als Adressat und Partner des Sprechens

1 Diese Zielsetzung war auch im Einführungstext auf dem Tagungsprogramm beschrieben worden. Da A. Halder diesen Text in seinem Beitrag vollständig zitiert und ausführlich analysiert, wird er hier nicht eigens angeführt.

2 Dies will nicht besagen, daß es nicht einen klar umrissenen - kanonisierten - Text geben kann, der von der Glaubensgemeinschaft als Offenbarung Gottes, als 'Heilige Schrift' anerkannt wird. Hier jedoch geht es um den *Ursprung* dieses Textes: Der Text konnte nicht artikuliert und niedergeschrieben werden ohne das Hören und Antworten von Menschen.

Gottes einbezogen ist, deshalb ist es zutreffender, anstatt des Ausdrucks »Erfahrung Gottes« die Wendung »Erfahrungen *mit* Gott« zu gebrauchen. So wird deutlich, daß Gott nicht Objekt einer Erfahrung werden kann, sondern daß er Gegenüber in einem Gespräch, Begleiter auf einem Weg ist. Indem Gott den Menschen als seinen Partner erwählt, macht er sich darin selbst zum Partner des Menschen.

1. Der existentielle Ort der *Frage* nach Gott

Die Frage nach Gott ist wesenhaft verbunden mit der Frage des Menschen nach sich selbst. Die Frage »Wer bin ich?« impliziert immer - auch wenn dies nicht ausdrücklich bedacht wird - die Ergänzung »Wer bin ich - für wen?« Wir finden unsere Identität nur in Beziehungen zu anderen Menschen, und zwar in beständigen, verläßlichen Beziehungen.

Das sind zunächst jene Beziehungen, die sich zwischen den uns nahestehenden Menschen und uns selbst entfalten. Wir gewinnen unsere Identität in den und aus den mannigfaltigen sozialen Rollen, die wir spielen. Die identitätsgewährenden Bezugspersonen sind jedoch ihrerseits bedingt, abhängig; ihre eigene Identität ist ebenso ungesichert wie die unsere; darum vermögen sie nicht, uns jene unbedingte Sicherheit, jenes Gehaltensein zu verleihen, nach denen es uns im Grunde unseres Wesens verlangt.[3]

In der Erfahrung dieses Ungenügens entsteht so etwas wie die 'Idee' oder das Wunschbild eines Du, das absolut verläßlich wäre, das uns absolut verstünde, dem wir absolut vertrauen

[3] Der Ansatz bei dieser Frage scheint mir grundlegender als jener beim Menschen »als Wesen der Transzendenz«, wie ihn *C. Bamberg*, Gotteserfahrung als Schicksalsfrage für heutige Christen, in: Gott. [...] hg. von *P. Gordan*, Graz usw. 1986, 257-294, hier 262, entfaltet. Doch auch C. Bamberg sieht die Sehnsucht und Fähigkeit, *»alles*, was dem Menschen konkret begegnet, *zu überschreiten«*, in Verbindung mit der Frage nach der Selbsterfahrung und Selbstfindung des Menschen, vgl. 262 und 264. Diese gehaltvolle Abhandlung von C. Bamberg mit einer Fülle von Gesichtspunkten, die in der vorliegenden kurzen Einführung nicht zur Sprache kommen, kann nachdrücklich empfohlen werden.

könnten, von dem wir uns unbedingt bejaht und gehalten wissen könnten. Diese gedachte, gewünschte, postulierte unbedingte Bezugsperson wäre für uns 'Gott'. 'Gott' ist in dieser Konstellation zunächst nur eine 'funktionale' Größe. Die Frage, ob das, worauf jeder Mensch als auf einen absoluten Bezugspunkt verwiesen ist, auch *wirklich* existiert, ist hier noch nicht entschieden.

Die Frage nach uns selbst, nach unserer Identität, nach Herkunft und Bestimmung unserer Existenz, erscheint so als der erste Kontext, in dem sich die Frage nach Gott für den reflektierenden Menschen stellt. Wenn ich nach einer solchen Instanz suche oder frage, die die Funktion der Sicherung meiner Identität übernehmen könnte, das heißt, die *für mich* Gott sein könnte, dann legt sich als nächstes die Frage nahe, ob und wo es eine Situation gibt, in der die Wirklichkeit Gottes für mich gewiß wird, das heißt, *ob und wo sich Gott als Wirklichkeit erweist.* Ebenso bin ich natürlich daran interessiert, *als wer oder als was* sich diese Wirklichkeit Gottes für mich offenbart. Mit der Idee Gottes habe ich gewissermaßen einen Schlüssel; ich suche das Schloß, zu dem der Schlüssel paßt, ich suche, ob der Idee eine Wirklichkeit entspricht: Wo läßt sich Gott erfahren? Und *als* wer offenbart er sich? Mit den Worten des altbundlichen Psalmenbeters: Es geht darum, ob uns Gott sein Antlitz zeigt und wie dieses Antlitz aussieht.

2. Was ist Erfahrung?

Bevor die Eigenart einer Erfahrung Gottes sichtbar werden kann, ist es erforderlich, in wesentlichen Zügen zu klären, was Erfahrung als solche ausmacht. Was Erfahrung ist, wissen wir oder meinen wir - eben 'aus Erfahrung' - zwar zu wissen. Für die Reflexion zeigt sie sich allerdings als ein äußerst komplexes und vieldimensionales Geschehen.

Verallgemeinernd läßt sich sagen: Erfahrung ist jede Art von Umgang mit der Wirklichkeit. Dieser Umgang umfaßt sowohl das theoretische Moment wie das der Praxis, etwa der Gestaltung durch Arbeit. Erfahrung entscheidet darüber, ob etwas für uns

Wirklichkeit ist. Nur das, wozu wir durch unsere eigene Erfahrung Zugang haben, ist für uns wirklich. Die Erfahrung ist konstitutiv für unser Verhältnis zur Wirklichkeit, Erfahrung macht dieses Verhältnis aus.

Für solche Erfahrung sind *sinnliche* Eindrücke grundlegend. Es kann uns nichts berühren, das uns nicht durch die Sinne angeht und vermittelt wird. Aber die durch die Sinnlichkeit vermittelte Beziehung ist vielschichtig. Eine sinnliche Wahrnehmung besteht keineswegs bloß im unmittelbaren sinnlichen Erlebnis. Vielmehr sind Sinnesempfindungen immer schon *interpretiert*, gedeutet. Sinnesempfindungen müssen einander zugeordnet werden und werden immer schon ausgelegt auf eine Ganzheit, eine Sinneinheit, eine Gestalt hin. Eine solche Auslegung auf Ganzheit und Gestalt hin vollbringen wir in allen unseren Erfahrungen, zumeist ohne daß wir eigens darauf aufmerksam sind.

Darüber hinaus schließt jede Erfahrung eine *Stellungnahme*, eine Anzahl von Entscheidungen ein. Alles, was uns widerfährt, wird unwillkürlich auch bewertet. Was wir bewerten, das vergleichen wir mit anderen Erfahrungen. So bleibt keine Erfahrung für sich allein bestehen, sondern Erfahrungen werden miteinander verknüpft, sie bilden eine *Geschichte*. In dieser Geschichte werden unterschiedliche Erfahrungen überprüft, sie müssen sich aneinander bewähren.

Nehmen wir diese verschiedenen Momente zusammen, so läßt sich sagen: Von einer Sache oder einem Menschen haben wir dann eine Erfahrung, wenn wir in längerem Umgang mit ihr *vertraut* geworden sind. Erfahrung ist kein punktuelles Geschehen oder Ereignis, sondern das Durchleben einer längeren Geschichte. Erfahrung im vollen Sinn ist Erfahrungsgeschichte. Dies gilt selbst dann, wenn man eine relativ isolierte Sinneswahrnehmung eine Erfahrung nennen möchte; wenn ich etwa sage: 'Ich mache die Erfahrung, daß das Wasser, in das ich hineinsteige, kalt ist', ist eine solche Einzelerfahrung nur möglich, weil sie eingebettet ist in eine ganze Reihe von Erfahrungen, die ich früher schon gemacht und die ich sprachlich zu benennen gelernt habe.

Vor dem Hintergrund dieses gefüllten Erfahrungsbegriffs stellt sich die Frage, ob es auch in bezug auf Gott eine solche Geschichte von Erfahrungen gibt, Erfahrungen *mit* Gott.

3. Zwei Bedeutungen von »Gott«: im Reden der Anderen - im eigenen Hören

Fragen wir nach dem Anfang unserer Erfahrungsgeschichte mit Gott, so wird der Normalfall der sein, daß ein Mensch mit dem Bedeutungsgehalt »Gott« durch andere Menschen in Berührung gekommen ist. Gott erscheint mir zuerst als ein Wesen, an das andere Menschen glauben. Die Gestalt ihres Glaubens ist mitentscheidend dafür, wie mir »Gott« begegnet. Gott ist gegeben im Zeugnis der anderen, gewissermaßen in den Anführungszeichen ihrer Rede von Gott und ihres Verhaltens zu Gott. Gott ist für mich zunächst der geglaubte und gesagte »Gott« der anderen.

Diese Zeugnisse haben, rein aussagenlogisch betrachet, den Charakter von bloßen Behauptungen. Sie können mich auf einen Weg bringen, auf dem mir irgendwann einmal Gott selbst begegnet und nicht mehr nur die Aussage über ihn. Sie können mir Gott aber auch verstellen. Sollen sie uns die Wirklichkeit Gottes bezeugen, müssen sie in unserer *eigenen* Erfahrung eine Resonanz finden. Selbst jene Erfahrungen, die Jesus mit Gott, seinem Vater, gemacht hat, können uns nur dann helfen, wenn wir auf irgendeine Weise diese Erfahrungen verstehen, das heißt: nachvollziehen können, und sei dies in noch so entfernter Ähnlichkeit. Hier gilt das Wort des Philosophen Ludwig Wittgenstein: »Gott kannst du nicht mit einem anderen reden hören, sondern nur, wenn du der Angeredete bist.«[4]

In der Glaubensgeschichte eines Menschen kann es offensichtlich diesen »Punkt« geben, an dem Gott, den er zunächst nur vom Hörensagen kennt, ihm selbst begegnet, vom Menschen als ihn selbst ansprechend erfahren wird. Dieser »Punkt« ist in den seltensten Fällen als isoliertes, umgrenzbares Ereignis auszuma-

[4] *L. Wittgenstein*, Schriften 5, Frankfurt/Main 1970, 429: Zettel, 717.

chen. Der Umschlagspunkt, an dem es vom Vernehmen eines fremden Zeugnisses zu einer eigenen Erfahrung kommt, zum Vernehmen Gottes, der mich selbst anspricht, ist in den zahllosen Ereignissen, Umschwüngen, Wiederholungen, die eine Lebensgeschichte ausmachen, verborgen. Aber er läßt sich in der reflektierenden Rückschau erkennen, und zwar dann, wenn man auf die *Bedingungen* achtet, unter denen dieses Ereignis eintreten kann.

Für eine solche Reflexion muß man das, was in einer Lebensgeschichte vielschichtig übereinander liegt, was oft im wörtlichen Sinne 'darunter und darüber' geht, auf einige grundlegende Linien oder Strukturen hin analysieren, auseinanderlegen. Dann zeigt sich: Die Erfahrung, von Gott als ich selbst angesprochen zu sein, hängt wesenhaft zusammen mit der Situation, in der mir aufgeht, daß ich anderen Menschen gegenüber eine unausweichbare Verantwortung habe. Diese Situation gilt es in ihrer Eigenart wie in den Bedingungen ihrer Möglichkeit zu klären. Im Bewußtwerden der ethischen Situation geschieht der *Übergang* vom bloß 'beredeten' Gott, von dem Gott, an den andere glauben, zu dem Gott, der selbst zu mir spricht. Das, was bisher nur 'Begriff' war, bloßer Verweis auf eine mir noch fremde Wirklichkeit, wird jetzt zum 'Namen', zu dem Wort, mit dem ich selbst Gott ansprechen darf. Das Wort »Gott« bekommt einen neuen Stellenwert.

4. Die Eigenart der ethischen Erfahrung: unbedingte Verpflichtung

In den meisten Fällen wird es so sein, daß der Umschwung gar nicht eigens bemerkt wird, daß erst im Rückblick auf einen längeren Lebensabschnitt deutlich wird, daß das Verhältnis zu Gott einen anderen Charakter bekommen hat. Bei jedem Menschen können die Umstände anders sein, unter denen ihm dieser Umschwung widerfährt.

Überschaut man die verschieden Lebenssituationen, Lebenswenden, von denen man im nachhinein sagen kann, daß dort das

Verhältnis zu Gott ein anderes wurde, daß es einen Ruck gegeben hat, dann läßt sich zeigen, daß diese Umstände oder Situationen bei aller individuellen Verschiedenheit doch eine *gemeinsame Struktur* aufweisen: Es sind Situationen, in denen ein Mensch eine unbedingte Verpflichtung erfährt.

Die Erfahrung, selbst von Gott angesprochen zu sein, ist im Grunde immer verbunden mit der Erfahrung, gegenüber anderen Menschen verantwortlich zu sein. Mit der Verantwortlichkeit gegenüber anderen Menschen sind nicht schon einzelne konkrete Pflichten gemeint. Gemeint ist die Tatsache, daß mir kein Mensch, mit dem ich in Beziehung trete, mit dem ich auf irgendeine Weise zu tun habe, gleichgültig sein darf.

Der Andere fordert mich durch seine bloße Existenz, durch die Tatsache, daß er verwundbar und sterblich ist, dazu auf, ihn zu *bejahen*, ihm das zuzusprechen und zu geben, was er zum Leben braucht. Das können je nach Situation ganz unterschiedliche Dinge sein. Immer aber muß das, was wir dem anderen sagen und geben, getragen und umfangen sein von einer grundlegenden Annahme, Achtung und Bejahung des Anderen.[5]

Jeder Mensch, der mir begegnet, geht mich auf eine unbedingte und unverdrängbare Weise an. Diese Forderung gilt bedingungslos. Ich kann mich ihr durch kein Argument entziehen. Sie wird unter keinen Umständen ausgesetzt. Ich bin unausweichbar für den anderen verantwortlich. Man kann diese Forderung, die mich aus jedem Menschen anspricht, das »Antlitz« des Menschen nennen. Das Wesentliche am Antlitz ist dies, daß es - lautlos - zu mir spricht. Das Antlitz wird nicht zuerst gesehen, sondern gehört. Das Hören des stummen Anspruchs des Antlitzes ist die entscheidende Voraussetzung, um die Stimme Gottes zu hören.

[5] Es versteht sich, daß diese Situation wesentlich ausführlicher und differenzierter beschrieben werden muß. Hier kann nur das grundlegende Verhältnis, auf das es ankommt, skizziert werden. Die eindringlichsten Analysen dieses Verhältnisses hat *Emmanuel Levinas* vorgelegt; am leichtesten zugänglich sind sie in *E. Levinas*, Ethik und Unendliches. Gespräche mit Philippe Nemo, Graz/Wien 1986; vgl. auch die Ausführungen zu Levinas im Beitrag von J. Wohlmuth.

5. Eine Situation, in der mir Gott 'in den Sinn kommt'

Diese Erfahrung des ethischen Verpflichtetseins ist jedem Menschen möglich. Sie ist nicht nur jedem möglich, sie macht die eigentliche Menschlichkeit des Menschen aus. Man kann nicht Mensch sein, ohne dem anderen ebendieses Menschsein zuzugestehen. Menschsein impliziert aber die Forderung: Du darfst mich nicht töten, du mußt mich leben lassen. 'Leben lassen', auf alle Konsequenzen hin bedacht, bedeutet hier, daß ich dem anderen das gebe, was er zum Leben braucht, daß ich ihm aber auch das gebe, was ihm ebenso notwendig ist wie die Nahrungsmittel, nämlich Anerkennung und Bejahung.

Wenn ich die Erfahrung mache, daß von mir die Anerkennung und Bejahung des anderen gefordert wird, dann *muß* diese Forderung noch keineswegs mit Gott in Verbindung gebracht werden. Es ist eine Erfahrung, die für sich selbst spricht. Sie weist sich selbst aus. Sie bedarf nicht der Begründung durch den Rekurs auf eine Offenbarung Gottes oder der Garantie und Sanktion durch ein Gericht Gottes. Aber - für einen glaubenden Menschen ist dies die Situation, in welcher der Gedanke an Gott seinen tiefsten und überzeugendsten Sinn bekommt. Es ist die Situation, in der ihm Gott 'einfallen' kann.

Das Außer-Ordentliche dieses Einfallens ist näher zu bedenken. Der Gedanke an Gott ist kein Gedanke, der sich aufdrängt, vielmehr 'gibt' er sich zu denken, im wörtlichen Sinn: die ethische Situation gibt die Erlaubnis, Gott zu denken. Wichtig ist, daß ich nicht vorsätzlich nach dem Gedanken an Gott suche. Würde ich den Versuch unternehmen »ich will jetzt Gott denken«, dann würde ich in allem solchem willentlichen Ergreifen Gottes Gott immer auf mich beziehen, ich würde Gott meinem Wollen unterwerfen, ich würde ihn unvermeidlich als ein Objekt, eine Funktion meines Willens definieren und ihn genau so als Gott verfehlen.

Ich kann ein solches Wollen allerdings auch nicht willentlich vergessen oder unterlassen. Von meinem eigenen Wollen werde ich nur dadurch frei, daß ich mich so vorbehaltlos vom Anspruch des anderen betreffen lasse, daß ich dabei mich selbst vergesse.

Das ist keine Sache einer psychischen Technik, sondern der inneren Haltung.

Was mich in diesem Augenblick berührt, in dem ich einfach für den anderen da bin, in dem ich - ohne jede Nebenabsicht - nur Aufmerksamkeit bin für ihn, was mich also da berührt, das kommt nicht einfach aus mir selbst; das ist ein unbedingtes, erhabenes Gebot, das an mich ergeht. Das ist eigentlich das Höchste, das mir in den Sinn kommen kann. Das ist etwas Göttliches. Darf ich dann das, was mir dieses Gebot der Verantwortung für den anderen auferlegt, zuspricht, nicht »Gott« nennen? Ich habe keinerlei Beweis, daß es Gott ist, der mir die Achtung des anderen Menschen gebietet. Aber wenn es Gott gibt - kann er mir dann etwas Größeres oder Bedeutungsvolleres gebieten als diese Achtung?

Man kann diese merkwürdige Erfahrung, die auf der einen Seite nicht einfach aus der Welt zu schaffen oder wegzudiskutieren ist, die sich auf der anderen Seite aber nicht experimentell vollziehen und darlegen läßt, beschreiben als das Ertönen einer »Stimme *in* den Stimmen«: In den vielen Stimmen, die mich - meist lautlos - ansprechen und meine Aufmerksamkeit, mein Antworten, meine Verantwortung einfordern, läßt sich - noch lautloser, wenn man diese paradoxe Formulierung wagen darf - die Stimme vernehmen, die den Menschen dieses Miteinandersprechen und Aufeinanderhören ermöglicht und gebietet. »Ein Antlitz sehen, das heißt schon hören: 'Du wirst nicht töten.' Und hören: 'Du wirst nicht töten', das heißt hören: 'soziale Gerechtigkeit'. Und alles, was ich von Gott und zu Gott, der unsichtbar ist, hören kann, muß mir durch dieselbe einzige Stimme kommen.«[6]

Diese Stimme wird einerseits unmittelbar vernommen, da ich als ich selbst angesprochen werde; zugleich aber ist sie immer vermittelt durch die Situation der Mitmenschlichkeit. Solche »vermittelte Unmittelbarkeit«[7] ist kennzeichnend für jede Erfah-

6 *E. Levinas*, Difficile liberté. Essais sur le judaïsme, Paris 1976, 22; Übersetzung des Zitats L. W.

7 *K.-H. Weger*, Ist Gott erfahrbar? in: Stimmen der Zeit 210, 1992, 333-341, hier 338.

rung mit Gott. Das ethische Bewußtsein - das Gewissen - ist nicht unmittelbar die Stimme Gottes, es ist vielmehr das Organ, um die Stimme Gottes zu vernehmen.

Es gehört außerdem zur Eigenart der Erfahrung Gottes, daß sein Sprechen - seine Stimme - nur vernehmbar ist, wenn man seine Weisung befolgt. Man muß der Weisung gewissermaßen folgen, *bevor* man die Stimme hört, die die Weisung erteilt. Außerhalb dieser Weisung ist der Gedanke an Gott absolut unsicher, er kann jederzeit als Illusion, als Täuschung, als Einbildung verdächtigt werden. Gewiß und unbestreitbar ist nur die Weisung. Sie erlaubt es nicht, einfach auf den Sprecher zu schließen, jeder direkte Weg oder Zugriff ist vielmehr verboten, schlicht unmöglich. Aber sie *erlaubt* es doch, an Gott zu denken; die Weisung macht es möglich, daß mir Gott 'einfällt', 'in den Sinn kommt' - mehr nicht, aber auch nicht weniger.

6. Anders als andere Erfahrungen

Ein wesentliches Merkmal solcher Erfahrungen mit Gott ist es, daß sie unspektakulär, unauffällig vor sich gehen - von seltenen Ausnahmen abgesehen, wo Menschen in einer Art Erweckungserlebnis, in einer Erschütterung und radikalen Änderung ihres bisherigen Lebens oder auch in einer außergewöhnlichen Bewegung von Geist und Gemüt die Überzeugung gewinnen, hier seien sie unmittelbar von Gott berührt worden. Aber auch in solchen außergewöhnlichen Erfahrungen bleibt der Kern die Tatsache, daß die Begegnung mit Gott ganz und gar auf das Verhältnis zum anderen Menschen bezogen ist. Wenn ein Mensch auf sein Leben zurückschaut, dann kann er entdecken, daß er in der beschriebenen Weise schon oft von Gott angesprochen wurde. Gott kann den Menschen berühren in dem Augenblick, in dem ein Mensch einfach - ohne Nebenabsicht - der Verpflichtung für den anderen Menschen gehorcht.

Es läßt sich verstehen, daß man eine solche Erfahrung nicht festhalten kann. Gott muß sich sofort wieder aus dieser Berührung zurückziehen, sowohl um des Menschen willen, demgegenüber er Achtung gebietet, wie um meinetwillen, dem die Verantwortung für den anderen aufgetragen wird. Um des anderen willen, damit ich ihn nicht zum Mittel meiner Gottesbeziehung mache, um meiner selbst willen, damit meine Zuwendung zum anderen aufrichtig bleibt. In der Glaubenserfahrung des Alten Testamentes ist dieser Sachverhalt ausgedrückt in der Geschichte von Mose, der verlangt, das Antlitz Gottes zu sehen: »Laß mich doch deine Herrlichkeit sehen!« (*Exodus* 33,19) Doch Mose darf nur die 'Rückseite' Gottes sehen, nachdem Gott vorübergegangen ist (*Exodus* 33,12-22). Auch bei dieser Episode ist bemerkenswert, daß sie im Zusammenhang steht mit der Führungsaufgabe des Mose, mit seiner Verantwortung für das Volk Israel.

Wenn Gott sich nicht sofort wieder entziehen würde, wäre mein Gehorchen und Dienen nicht 'rein'. Ich würde dann den anderen Menschen nicht um seiner selbst willen achten. Sondern ich würde gewissermaßen auf meine Beziehung zu Gott schielen, ich würde versuchen, Gott festzuhalten, ihn zu meinem Besitz zu machen. Und genau mit dieser Absicht würde ich ihn verfehlen. Gott *muß* in der Schwebe und Unbestimmtheit und Zweideutigkeit eines nur augenblickshaften Berührens bleiben, in einer Nähe, die zugleich Distanz ist.

Man kann dafür das Bild der 'Spur' gebrauchen: Gott gibt mir ein Zeichen, aber so, daß dieses Zeichen keineswegs eindeutig ist.[8] Von der 'Spur' gilt: jede Manifestation Gottes, jeder Hinweis auf ihn, jedes Zeichen, ist als Hinweis deutbar, aber ebenso als Täuschung, als Projektion, als Zufall. Es bleibt unbestimmt und ungewiß, was 'dahinter' steht. Das einzige, was gewiß bleibt, ist meine Verantwortung. Das einzige, worauf es in dieser Situation ankommt und was eindeutig ist, ist das Gebot, die Verpflichtung, auf die Bitte, die der andere Mensch darstellt, zu antworten.

Allerdings *darf* ich in der Tatsache, daß mir so unausweichbar

8 Vgl. dazu *E. Levinas*, Humanismus des anderen Menschen. Übersetzt und mit einer Einleitung versehen von L. Wenzler. Anmerkungen von T. de Boer, A. Peperzak und L. Wenzler, Hamburg 1989, 51-59 (Humanisme de l'autre homme, Montpellier 1972, 57-63). - Zur Frage nach Gott bei Levinas insgesamt vgl. *R. Funk*, Sprache und Transzendenz im Denken von Emmanuel Lévinas. Zur Frage einer neuen philosophischen Rede von Gott, Freiburg/München 1989.

und unvertretbar die Verantwortung für den anderen Menschen aufgetragen ist, einen Erweis des Vertrauens Gottes sehen. Und dem, der auf eine solche Weise, die menschlich gar nicht ausdenkbar ist, mir vertraut, dem darf auch ich vertrauen. Für dieses Vertrauen habe ich keine Beweise, wohl aber Gründe. Ich soll nicht zuerst an Gott glauben, weil ich ihn 'brauche'. Sondern umgekehrt gilt: Gott braucht mich, und darum darf ich ihm vertrauen - ohne daß ich daraus wieder einen Rechtsanspruch ableiten dürfte. Dies ist das Letzte und Äußerste, an das wir uns halten können: Weil uns der Anspruch des anderen Menschen in der Verantwortung hält, hält in dem Sinne, daß es uns nicht losläßt, dürfen wir darin auch ein Gehaltenwerden erblicken. »Ich werde dich nicht verlassen, aber ich werde dich auch nicht loslassen.«[9]

7. Durchbrüche: Von »Gott« zu Gott, vom Vorbegriff zum Namen

Wir haben bereits gesehen: »Gott« begegnet uns zunächst nur in den »Anführungszeichen« des Zeugnisses anderer. Wir haben die Aufgabe, diese Anführungszeichen aufzulösen, Gott selbst zu hören und im bezeugenden Antworten selbst wieder für andere zu »Anführungszeichen« Gottes zu werden.
Da, wo wir Gott selbst hören, geschieht ein Übergang, ein Durchbruch. Der 'Umschlagpunkt' liegt im Hören des Gebotes der Verantwortung. Dieser 'Punkt' kann überall in der Lebensgeschichte eines Menschen aufblitzen, er 'erstreckt sich' über die ganze Geschichte eines Menschenlebens, denn immer und zu jedem Augenblick bin ich mit der Tatsache, daß es die anderen gibt, konfrontiert. So ist der Punkt des Hörens auf das Gebot der Verantwortung jeweils neu das 'heute' der Krisis, der Entscheidung: »Heute, wenn ihr seine Stimme hört, verhärtet euer Herz nicht ...« (Vgl. *Psalmen* 95,7-8 und *Hebräer* 3,7-8)

[9] In diesem Sinne interpretiert Levinas das Wort Gottes an Josua: »Ich lasse dich nicht fallen und verlasse dich nicht« (Josua 1,5; Einheitsübersetzung); vgl. *E. Levinas*, Humanismus des anderen Menschen, Hamburg 1989, 78 (Humanisme de l'autre homme, Montpellier 1972, 78).

Im Hören dieser Stimme geschieht etwas Neues, Unableitbares, nicht Erzwingbares. Ich werde in ein neues Verhältnis zu Gott gebracht. Meine bisherige Geschichte erfährt eine Verwandlung, eine neue Deutung oder Ausrichtung. Ich hatte bisher nur so etwas wie eine Ahnung, eine ungefähre Vorstellung, ich hatte nur *von* Gott gehört, nicht ihn *selbst* gehört. Alles, was ich bisher von Gott 'wußte', vom Hörensagen kannte, bekommt einen neuen Stellenwert. Der Vorbegriff, den ich hatte, wird jetzt zum *Namen*. Dieser Name wird mir von Gott selbst mitgeteilt, damit ich ihn in Zukunft mit diesem Namen anrufen kann. Hinter dem Begriff zeigt sich mir ein *Gesicht*. Wesentlich für ein Gesicht ist es, daß es zu mir *spricht*. Ich höre nicht mehr *von* Gott, ich höre nicht mehr andere *über* Gott sprechen, sondern ich höre ihn selbst, seine Stimme. Gott offenbart mir seinen Namen, indem er mich mit der Verantwortung für den anderen Menschen betraut.

An diesem Wechsel vom 'gesagten' zum selbst sprechenden Gott lassen sich noch andere Aspekte entdecken: Es geschieht ein Übergang auch von dem Gott, von dem ich mir ein Bild, eine Vorstellung gemacht habe, zu dem, der größer ist als mein Begreifen und der sich jedem Versuch, ihn in einer Gegenwart, eben in einem Bild, in einer Vor-stellung, festzumachen, entzieht.

Zu den Vorbegriffen, die ich ablege, gehören auch alle Begriffe, die aus Gott den Exponenten einer *funktionalen* Form von Religion machen. Eine religiöse Beziehung bildet sich bei einem Menschen ja häufig zuerst in der Form aus, daß er nach einem Wesen sucht, das ihm in seinen existentiellen Nöten und Bedürfnissen Halt und Sicherheit verspricht. Eine solche Religiosität der Bedürftigkeit ist nicht illegitim, aber sie ist nur eine Vorform jener Religion, in der ich Gott finde als den, der mir aufträgt, zuerst um den anderen besorgt zu sein, bevor ich mich um mich sorge. Aus einer Religion der bloßen Selbstsicherung, des Heilsegoismus, werde ich befreit zur wahren Religion der Liebe zum anderen.[10]

[10] Zur Unterscheidung der hier genannten zwei Grundformen von Religiosität vgl. *L. Wenzler*, Hinübergehen in die Zeit des Anderen. Die Feier des Festes zwischen To-

Das heißt nicht, daß ich nicht auch in meiner eigenen Not zu Gott rufen dürfte. So lehren es uns ja die Psalmen immer und immer wieder und so legt es uns Jesus nahe: »Bittet, dann wird euch gegeben.« (*Matthäus* 7,7) Es kommt dabei entscheidend auf die *Haltung* an, in der ich bitte. Gott darf nicht einfach ein Ausweg sein, den ich mir in meiner Not wünsche. Sondern zuerst einmal muß ich meine Not auf die Not des anderen hin überschritten haben, muß mich meine Not sensibel gemacht haben für die Not der anderen. Wenn ich dann selbst die Erfahrung gemacht habe, daß ich von der Not des anderen angerührt werde und darauf antworte, dann kann ich mit einem ganz anderen Vertrauen die Hilfe Gottes auch für mich erbitten, ganz nach dem Wort Jesu: »Wenn nun schon ihr, die ihr böse seid«, - das heißt, zu deren Natur es nicht von vornherein gehört, Gutes zu tun - »euern Kindern gebt, was gut ist, wieviel mehr wird euer Vater im Himmel denen Gutes geben, die ihn bitten.« (*Matthäus* 7,11)

Der Übergang und die mit ihm verbundene Transformation bezieht sich schließlich auf alles, was an Kategorien, Archetypen, transzendentalen Ideen in meiner Seele oder Vernunft angelegt ist. Der Begriff eines höchsten Wesens, eines Garanten der Gerechtigkeit, eines Urhebers der Welt gehört gewissermaßen zur Struktur der menschlichen Vernunft. Aber solche 'transzendentalen Ideen' haben eben nur den Status von Ideen und sagen nichts über die Wirklichkeit und Erfahrbarkeit dessen, was mit ihnen angezielt ist. Erst dann wird Gott nicht einfach als transzendentale Idee, als notwendiges Korrelat der Vernunft gedacht, wenn mir seine Idee *von selbst* in den Sinn kommt, als *Name,* der sich selbst kundtut und sich selbst ausweist.

Durch diesen Übergang wird die transzendentale Idee Gottes, die notwendig zum Bewußtsein des Menschen gehört, in eine andere Beleuchtung versetzt: Sie wird deutlicher in ihrem Status als Idee sichtbar. Eine solche Idee fungiert als zwar notwendiger,

talität und Unendlichkeit, in: Gemeinsam Kirche sein. Theorie und Praxis der Communio. Festschrift der Theologischen Fakultät der Universität Freiburg i. Br. für Erzbischof Dr. Oskar Saier. Hg. [...] von G. Biemer, B. Casper und J. Müller, Freiburg/Basel/Wien 1992, 131-147.

jedoch zu überwindender *Vorbegriff*. Im Übergang zum *Namen*, der sich selbst mitteilt, wird ein solcher Vorbegriff transformiert. Dies ist zugleich ein Vorgang des Übersetzens; dabei wird die Begrifflichkeit des transzendentalen Vorverständnisses immer noch gebraucht, um den »unnennbaren Namen Gottes« (Dionysios Areopagita) wieder in den bezeugenden Diskurs über Gott zurückzuübersetzen.

Die hier aufgewiesenen »Über-gänge« sind immer wieder von neuem zu »gehen«. Sie sind ein wesentliches Element der Erfahrungen mit Gott, die gerade in der Eröffnung solcher Übergänge ihren Charakter als *Weg* erweisen.

8. Die Stimme Gottes *in* meiner Antwort - und meine Verantwortung für mein Bild von Gott

Es war gezeigt worden, daß man die »Stimme« Gottes nur vernehmen kann im Befolgen des Gebots, das Gott durch die Existenz des anderen Menschen gibt. Das Tun des Menschen ist hier Voraussetzung für sein Hören. Der Einsatz der eigenen Existenz, die Annahme der Verantwortlichkeit gehen in das Hören ein. Was ich höre, ist hier abhängig von dem, was ich tue.

Was Gott sagt, ist sein souveränes Wort. Doch ob und wie es gehört wird, das legt Gott ganz und gar in die Hände, will sagen: in die Empfangsbereitschaft und Aufnahmefähigkeit, des Menschen.

Es ist dies eine Abhängigkeit, in die sich Gott freiwillig begibt. Es ist Abhängigkeit aus Souveränität, es ist jene Abhängigkeit, der sich jeder aussetzt, der liebt.

Das, was mir Gott sagt, was er mir mitteilt, braucht ganz und gar meine Antwort. Es braucht die Ausdrucksformen, in denen sich meine Existenz vollzieht.

Meine Interpretation, mein Hören, ist ein wesentliches Element der Offenbarung Gottes.

Dies alles bedeutet dann auch: Ich bin verantwortlich für die Art und Weise, *wie* ich die Offenbarung Gottes aufnehme. Ich bin verantwortlich für das »Bild«, das ich von Gott habe und das ich anderen vermittle.[11] Das Bild, das ich von Gott habe, ist gebildet einerseits aus dem, was ich von Gott selbst mitgeteilt bekomme - andererseits aus dem, was sowohl durch das Zeugnis anderer als auch durch eigene Erfahrung beigetragen wird. Das Bild wird mitgeschaffen aus dem 'Resonanzmaterial', das meine eigene Einstellung und Haltung bietet.

Daß wir uns in gewissem Sinn ein Bild, eine Vorstellung von Gott machen, läßt sich gar nicht vermeiden. Dies ist schon im Begriff der Erfahrung enthalten. Zur Erfahrung gehört das Element der Anschauung, des Bildens von Vorstellungen. In jede Erfahrung mit Gott gehen jene Erfahrungen, die wir in unserer Lebensgeschichte schon gemacht haben, mit ein und werden darin als Material gebraucht, verwandelt, transformiert.

Das Verbot »Du sollst dir kein Bild machen!« bezieht sich nicht auf jede Vorstellung von Gott. Man dürfte sonst überhaupt nicht von Gott sprechen. Alles Reden ist unvermeidlich mit dem Wachrufen von Bildern verknüpft. Das Verbot bezieht sich auf das Götzenbild, das *anstelle* Gottes verehrt wird. Solche Götzenbilder gibt es nicht nur im eigentlichen Heidentum; es gibt auch begriffliche Götzenbilder, Ersatz- und Zerrformen des Glaubens; unsere ganzen Vorstellungen können zu solchen falschen Fixierungen werden. Ich stehe immer in der Versuchung, meine eigenen Bilder und Vorurteile auf Gott zu projizieren. Ich kann aus jedem Ebenbild ein Zerrbild machen.

Weil ich verantwortlich bin für mein Verständnis Gottes, habe ich die Aufgabe, den Namen Gottes 'zu heiligen'. Dieses Gebot ist in einem tieferen Sinn zu verstehen als nur in dem Sinne, daß man verpflichtet ist, ehrfürchtig mit dem Namen Gottes umzugehen. Das Gebot bedeutet, daß ich selbst verantwortlich bin dafür, wie ich von Gott denke und rede.

In vielen Fällen, in denen Menschen etwa den Schriften der Bibel oder der Glaubensverkündigung des Judentums wie des Christentums vorwerfen, sie zeichneten das Bild eines rachsüchtigen oder strafenden, eines zürnenden Gottes, darf man wohl in aller Behutsamkeit fragen, ob sich der so Kritisierende genügend

[11] Vgl. *P.-J. Labarrière*, Dieu improbable, in: Penser la religion. Recherches en philosophie de la religion. Présentation de J. Greisch, Paris 1991, 119-135, hier 135.

bemüht hat, sich von anderen Bildern Gottes, die in den Glaubenszeugnissen von Judentum und Christentum unbestreitbar auch und zuerst zu finden sind, ansprechen zu lassen. Es ist nicht zu leugnen, daß in der Bibel auch vom Zorn Gottes und vom strafenden und vergeltenden Handeln Gottes die Rede ist. Aber diese Rede steht immer im Kontext des gesamten Spechens und Handelns Gottes. Und dieses ist eindeutig und für jeden, der unvoreingenommen diese Zeugnisse zur Kenntnis nimmt, getragen von der Liebe und Güte und Menschenfreundlichkeit Gottes. Es würde zu weit führen, hier im einzelnen zu zeigen, wie zur Liebe auch der Zorn gehören kann und welche Bedeutung etwa in der prophetischen Rede der Hinweis auf Strafe und Vergeltung hat. Im vorliegenden Zusammenhang kommt es darauf an zu sehen, daß ich selbst immer mitverantwortlich bin für das Bild, das ich von Gott habe, und für die Interpretation, die ich seinem Wort gebe.

Es hängt entscheidend von meiner Aufnahmefähigkeit und Einstellung ab, ob ich die Gegenwart Gottes als gütige, helfende, Vertrauen und Zuversicht schenkende Nähe oder als drohende, richtende, verurteilende Aufsicht empfinde. Und es hängt von Erfahrungen ab, die ich mit den Repräsentanten und Verkündern des Glaubens an Gott gemacht habe.

Dies hat vor allem auch Konsequenzen für die religionspädagogische Vorbereitung und Vermittlung des Glaubens an Gott. Nur der, der von der Gemeinschaft, in der er lebt und aufwächst, Vertrauen und Liebe lernt, der kann in dieser 'Sprache' Gott verstehen, und er kann eines Tages, wenn er mündig geworden ist, selbst in dieser Sprache antworten.

Daß Gott uns sein Wort nur *in* unserer Antwort geben will, dies ist schließlich eine ausgezeichnete Verwirklichung jener *Stellvertretung*, die für das jüdische und christliche Glaubensverständnis und Gottesverhältnis zentral ist.[12] Stellvertretung bedeutet hier: Gott will, daß ich sein Sprechen mitspreche. Darin tritt Gott zunächst einmal an *meine* Stelle: Er macht mir ein

[12] Vgl. dazu die tiefgründende und umfassende Studie von *K.-H. Menke*, Stellvertretung. Schlüsselbegriff christlichen Lebens und theologische Grundkategorie, Einsiedeln/Freiburg 1991.

Sprechen und Handeln möglich, dessen ich von mir allein aus nicht fähig wäre. Gerade darin, daß ich im Hören und Tun des Gebots der Verantwortung über mich, über mein egoistisches In-mir-Verschlossensein, hinausgeführt werde, tue und denke ich in der Wahrnehmung meiner Verantwortung *mehr*, als ich allein von mir aus tun und denken könnte. Gott beauftragt und befähigt mich aber zugleich, in gewissem Sinn auch an *seine* Stelle zu treten: Jene Güte und Menschenfreundlichkeit, die Gott den Menschen erweisen will, trägt er uns auf, damit wir sie in seinem Namen, an seiner Stelle, den Menschen erweisen. »Der Mensch ist von Gott erwählt und ermächtigt, Freund und Repräsentant Gottes zu sein. In ihm will Gott sich in der Welt für die Welt ausdrücken, und darum ist auch der Mensch im emphatischen Sinne Bild Gottes für die anderen.«[13]

9. Gott läßt sich erfahren als der, der uns Menschen bejaht

Die Tatsache, daß ich für mein Bild von Gott und für mein ganzes Verständnis des Handelns Gottes selbst verantwortlich bin, macht darauf aufmerksam, daß es nicht nur auf das *Daß* der Erfahrung Gottes oder der Erfahrungen mit Gott ankommt, sondern entscheidend auch auf das *Was*, auf den Inhalt der Erfahrung. Gerade aus der allgemeinen Struktur der Erfahrungen mit Gott, die hier skizziert wurden, läßt sich ein solcher Inhalt sichtbar machen.

Zum Inhalt unserer Erfahrungen mit Gott gehört naturgemäß alles, was im Zeugnis der Heiligen Schrift und deren maßgeblicher Auslegung vorgelegt wird. Doch diese Fülle von einzelnen Zügen, die in der Offenbarung Gottes mitgeteilt wird, ist unterfangen, getragen von *einer* Bestimmung, die im Zuge der angeführten Überlegungen besonders deutlich hervortritt. Gott offenbart sich und gibt sich zu erfahren als der, der den Menschen *bejaht*. Gott offenbart uns das und läßt uns das ebendadurch erfahren, daß er uns aufträgt, den anderen zu bejahen. Die Tatsa-

[13] *G. Greshake*, Gott in allen Dingen finden. Schöpfung und Gotteserfahrung, Freiburg 1986, 52.

che, daß Gott mich beauftragt, daß Gott mich anspricht, aber so, daß er sich zugleich zurückzieht und mich nur mit der Existenz des anderen Menschen konfrontiert, darf ich so verstehen, daß Gott mir den anderen Menschen anvertraut, daß er mich zum 'Hüter meines Bruders' macht.

Man kann fragen: Wird hier nicht Religion auf Ethik reduziert? In der Tat wird Ethik als der eigentliche Kern von Religion aufgewiesen, als die tiefste Offenbarung Gottes. Dies bedeutet nicht, daß Religion auf Ethik eingeschränkt würde. Dies wäre nur dann der Fall, wenn man behaupten würde, Religion sei 'nichts anderes' als ethisches Verhalten.

In der vorliegenden Überlegung wird Ethik in der Tat als wesentlicher Gehalt des religiösen Verhältnisses aufgewiesen, dieses selbst aber geht in seinem Bedeutungsgehalt noch einmal über das rein Ethische hinaus. Die Tatsache, daß ich verantwortlich bin, kann ich noch einmal so interpretieren, daß ich von Gott in diese Verantwortung eingesetzt wurde. Das Gesetz, die Bundesweisung, die Tora, die der glaubende Mensch zu halten verpflichtet ist, ist der eigentliche Inhalt des Bundes und der Erwählung. Gott selbst will dies, daß ich für den anderen verantwortlich bin. Gott selbst ist seinem Wesen nach Bejahung des Anderen. Gott bejaht den, den er außerhalb seiner und in gewissem Sinne unabhängig von sich existieren läßt. Aber dieses Bejahen des anderen vertraut Gott mir an. Indem Gott mir das Bejahen des anderen gebietet, läßt er mich darin erfahren, daß er auch mich bejaht.

Diese Erfahrung, daß Gott uns Menschen bejaht, wird jedoch ständig in Frage gestellt durch die Erfahrung des Leidens. Die Erfahrung des Leidens, insbesondere des Leidens der Unschuldigen, widerspricht der Erfahrung, daß Gott den Menschen liebt, daß er ihn bejaht, daß er gut ist. Gerade ein tieferes Betrachten des Bejahens Gottes und des Vertrauens, das er darin dem Menschen erweist, läßt aber verstehen, wie Gott in diesem Bejahen und Vertrauen das Wohl und das Weh des anderen Menschen in meine Hände legt.

Gott vertraut mir den anderen Menschen so sehr an, daß er es 'zuläßt', daß ich dem, den er doch liebt wie sein einziges Kind und den er hütet wie seinen Augapfel, Leid zufüge, ja, ihn sterben lasse, ihn töte. Dieses 'Zulassen' Gottes enthält das tiefste und unbegreiflichste Geheimnis der Schöpfung. Eine rationale, unser Erklärungsbedürfnis befriedigende Auflösung dieses Geheimnisses gibt es nicht. Das Geheimnis wird zum Ärgernis. Es kann nur ausgehalten werden, wenn man gegen die Anfechtung des Leidens ständig Zuflucht nimmt zu der ursprünglichen Erfahrung, daß Gott gut ist und uns Güte aufträgt. Das bedeutet in keiner Weise Verzicht auf Fragen und eigenständiges Denken, das mit Gott ringt und rechtet wie Ijob und sich dennoch nicht von seinem Vertrauen auf den je größeren Gott abbringen läßt.

Gegen die Erfahrung des Leidens und insbesondere des Leidens der Unschuldigen gibt es nur die andere Erfahrung, daß Gott gut ist, daß er gut ist schon deshalb, weil er mir Güte gebietet.[14] Das Ärgernis des Leidens und diese Erfahrung der Güte Gottes stehen miteinander im Streit. Und ich bin vor die Entscheidung gestellt, ob ich meinerseits das Leiden 'zulasse', indem ich nichts dagegen unternehme und stattdessen die Verantwortung auf Gott schiebe, oder ob ich meine Verantwortung annehme und mich darin auf der Seite Gottes weiß, von Gott beauftragt, mit ihm Leiden zu lindern und zu beheben.

Gerade an diesem Ernstfall zeigt sich: Die Stimme in den Stimmen ist einerseits das Schwächste, das Vergänglichste, Flüchtigste, das sich denken läßt - sie kann jederzeit in Frage gestellt, bezweifelt, geleugnet oder erstickt werden -, und doch ist sie zugleich das Stärkste - denn wenn sie einmal gehört wurde, kann sie nie mehr vergessen werden, ruft sie den Menschen immer wieder von neuem an und teilt sie dem, der hört, ihre Kraft mit.

* * *

Die vorstehenden Überlegungen konnten die wesentlichen Aspekte des Problems im Versuch einer systematischen Zusam-

[14] Vgl. *D. Bader*, Aber Gott ist gut, in: Christ in der Gegenwart 44, 1992, 137-138.

menstellung nur anreißen. Zum gesamten Komplex der Problematik bieten die folgenden Beiträge dieses Bandes weitere Perspektiven und reiches Material.

So zeigt der Beitrag von *Alois Halder* »Im Sehen hören« in einer meisterhaften phänomenologischen Meditation, welcher Grundunterschied sich zwischen den beiden leitenden Vollzügen von Erfahrung, dem Sehen und dem Hören, auftut. Unser Verständnis von Erfahrung ist zunächst auf das Gesehene, auf das Bild, auf die Gestalt fixiert. Das Sehen als Wissen bringt alles vor sich, unterwirft alles seiner Macht, löst jedes Geheimnis auf, läßt nichts in sich selbst und als es selbst bestehen. Das Hören dagegen hängt nicht so sehr vom Wollen ab, sondern geschieht - wird erlitten - in der Empfindsamkeit, Leidensfähigkeit der Sinnlichkeit, wird getroffen von Schrei und Schweigen. Die entscheidenden Ereignisse kann man nicht sehen, sondern nur hören. »Sprechen und Hören sind [...] Mitteilung und Teilnahme an der Gemütsbewegung, am Herzschlag der Menschen und der Dinge.« A. Halder geht so weit, nach der Möglichkeit einer Teilnahme am Empfinden Gottes, an seiner »Gestimmtheit« zu fragen. Das erst würde den Menschen fähig machen, die Stimme Gottes wirklich zu hören.

Josef Wohlmuth entfaltet zunächst Karl Rahners Begriff der »transzendentalen Erfahrung«, welche als die »in jedwedem geistigen Erkenntnisakt mitgegebene [...] Entschränktheit auf die unbegrenzte Weite aller möglichen Wirklichkeit« hin zugleich schon »Erfahrung der Transzendenz« ist, mit der »ein gleichsam anonymes und unthematisches Wissen von Gott« immer schon mitgegeben sei. Doch Rahner erkennt selbst, daß damit nur ein Vorbegriff von Gott erreicht ist, der immer noch als bloßes Produkt menschlicher Subjektivität angesehen werden kann. Später sucht Rahner deshalb nach einer gnadentheologischen Begründung seines transzendentalen Ansatzes: Der Mensch ist »capax infiniti«, weil sich die Transzendenz dem Menschen »immer schon« mitgeteilt hat. So läßt sich die Transzendentalität verstehen als der eigentliche und ursprüngliche Ort, an dem die Gnade der Selbstmitteilung Gottes empfangen wird.

Diese Sicht Rahners konfrontiert J. Wohlmuth mit dem ganz

andersgearteten Ansatz von Emmanuel Levinas. Auf den ersten Blick gibt es keine Brücke zwischen der Position von Rahner und der von Levinas. Nach Levinas gibt es eben keinen Vorbegriff von Gott, keine transzendentale Verwiesenheit des Menschen auf Gott, sondern die Idee Gottes tritt - in der Situation der Begegnung mit dem »Antlitz« des anderen - als Bruch und Erschütterung des menschlichen Bewußtseins in dieses Bewußtsein ein, alle Vorbegriffe desselben zerbrechend. Erst zu Rahners Begriff der Selbstmitteilung Gottes läßt sich von Levinas' Verständnis der Idee des Unendlichen her eine Verbindung ziehen: In seinem Gebot, das aus einer Dimension »jenseits des Seins«, als »erstes Wort aus dem Schweigen« ergeht, kommt Gott dem Menschen nahe. Mit den »Denkkategorien« von Levinas hätte Rahner bessere Ausdrucksmöglichkeiten für seine Gnadentheologie gefunden, als sie ihm von Scholastik und Idealismus her zur Verfügung standen.

In lebhaften Staccato-Sätzen inszeniert *Paul Konrad Kurz* anhand eindrucksvoller Beispiele aus der Gegenwartsliteratur das Drama Gottes, der mit den Menschen »unterwegs« ist, die Geschichte Gottes, der sich in den Geschichten der Menschen »selbst erzählt« (F. Ferrucci). Der Gott der Dichter zeigt oft ein anderes Gesicht als jener der kirchlichen Verkündigung. Er kann auch anstößig sein. Ganz im Sinne des »inkarnatorischen Prinzips« ist Gott »eingetaucht in das Geschehen, erlebt, fühlt, denkt, leidet, handelt er« und ist er als »Wanderer« unterwegs.

»Dem langsamen Blick« offenbart sich Gott als der »Große Geist« der Form, als »friedensstiftende Form« in der Natur, in der Geschichte (P. Handke). Ein solcher »Gott der Langsamkeit« wird vor allem von dem, der ein »Gehender« ist, erfahren. Als »Fühlgott« ist er wahrnehmbar im »Kontext von Welt, Erfahrung und Sprache [...], meist unfeierlich«, oft als »Gott der Unteren: Gott der Laien«, immer als »Erreger«.

In einem ganz anderen Bereich bewegt sich die Untersuchung von *Cornelia Liesenfeld*. In der Frage nach der »Möglichkeit einer Begegnung mit dem Göttlichen im philosophischen Weltbild von Max Planck, Albert Einstein und Werner Heisenberg« zeigt C. Liesenfeld auf, wie bei den genannten führenden Vertretern der modernen Physik der Gottesbegriff einer »philosophiegeschichtlichen Vorlage in das 20. Jahrhundert übernommen und gleichzeitig mit neuen Begründungsformen ausgestattet und erweitert« wird. »In *keinem* dieser Fälle liegt uns eine *personale* Gottesvorstellung vor«, sondern es stellt sich die »Frage nach dem Wesen der Wahrnehmung eines *göttlichen Prinzips*«. Angemessener als von der Erfahrung des Göttlichen spricht man von einer »Ahnung« des Göttlichen, von einem »Überwältigtsein durch das, was erfahrbar ist«, was aber gerade nicht Gott selbst ist. W. Heisenberg hat das Problem auf gültige Weise formuliert: »Kann man der *zentralen Ordnung* der Dinge oder des Geschehens, an der ja nicht zu zweifeln ist, so unmittelbar gegenübertreten, mit ihr so unmittelbar in Verbindung treten, wie dies bei der *Seele* eines anderen Menschen möglich ist?« Die Antwort hängt in erster Linie von der Wahrnehmungsfähigkeit und von der Einstellung dessen, der die Frage stellt, ab (Heisenberg hat die Frage übrigens mit einem Ja beantwortet). Doch auch da, wo ein Mensch im Bereich des Physikalischen keine personale Stimme zu vernehmen vermag, eröffnet sich ihm dort ein Raum, in dem sich mehr abspielt als nur das, was sich beobachten und messen läßt. Wenn sich hier auch nicht die »Stimme in den Stimmen« vernehmen läßt, so kann doch eine eindeutig religiös gestimmte »Faszination« entstehen, die für die »Zeichen des Göttlichen« sensibel macht.

Alois Halder

Im Sprechen: Sehen und Hören. Die Ursprünglichkeit menschlicher Rede von Gott und Welt

Für Maria und Oskar Köhler

Dieses Einführungsreferat versteht sich als Einstimmung in ein Thema, das der »Stimme« und den »Stimmen« gilt. Es sollen vier Schritte versucht werden: 1. eine kurze Analyse des Einladungstextes im Programm der Akademie zu dieser Tagung; 2. einige Ausführungen zum »Sehen« als Modell für die Auslegung von Denken und Sprechen in unserer Überlieferung, die uns zur Selbstverständlichkeit geworden ist und auch weithin unser »Hören« leitet - und Hinweise auf die Eigentümlichkeit des Sehraums; 3. weiterführende Bemerkungen zum Hören, sofern es nicht auf das Sehen bezogen wird, also nicht auf Anschauung, Evidenz, Erscheinung, nicht auf das, was sich im Licht (unter Umständen sogar mit Gewißheit) zeigt, sondern zum Hören und dem, was in ihm ertönt, selber - und zur eigentümlichen Zeitlichkeit dieses Hörens, und 4. schließlich einige wenige Worte, die uns vielleicht in die Nähe von so etwas wie »religiöser Erfahrung« bringen können.

1. Die Analyse des Programmtextes

Zunächst der Text:

> »Der religiöse Mensch verlangt danach, Gott zu erfahren. Er wird bewegt von der Frage: Wer ist Gott? Wie gibt sich Gott zu erkennen? Wo kann ich ihm begegnen? Jede Erfahrung im Bereich des Göttlichen sieht sich zugleich mit der Ungewißheit konfrontiert: Ist das, was erfahren wurde, eine echte Manifestation des Göttlichen oder ist es nur eine Illusion, eine Selbsttäuschung des Menschen? Es stellt sich die Frage nach dem We-

sen, den Bedingungen und dem Kriterium der echten Gotteserfahrung. Dabei wird sich zeigen, daß Gott oder das Göttliche nicht als ausgegrenzte Gestalt zu erfahren ist, sondern daß die Erfahrung Gottes eine eigene Dimension aller unserer Erfahrungen, unserer alltäglichen wie unserer außergewöhnlichen, bildet. Die Eigenart solcher Gotteserfahrung läßt sich verdeutlichen mit dem Bild von der 'Stimme in den Stimmen': In allen Stimmen, die wir wahrnehmen, kann das Sprechen Gottes als das erste und letzte Wort vernommen werden. Es bedarf jedoch einer eigenen Sensibilität, einer bestimmten Haltung, um diese Stimme zu vernehmen. Die Beiträge der Tagung wollen von unterschiedlichen Erfahrungsbereichen aus erkunden, in welcher Sprache und 'Tonalität' sich diese Stimme hörbar macht.«

In dieser Programmbeschreibung ist die Rede vom religiösen Menschen, der nach Gott, nach dem Göttlichen fragt, vom religiösen Menschen freilich, der in der Welt lebt, in der Welt der »alltäglichen wie außergewöhnlichen Erfahrungen«. Damit sind die drei großen traditionellen Themen des philosophischen Denkens angesprochen (und nicht nur des philosophischen Denkens): der Mensch, die Welt und Gott. Ferner ist die Rede von der »Ungewißheit« darüber, als wer oder auch als was, wie und ob der Gott und das Göttliche sich selbst »manifestieren«, sich selbst zeigen, das heißt aber: erscheinen, sichtbar werden und damit Gegenwart, Ständigkeit erlangen, und das heißt wiederum: erfahrbar werden. Es geht um Erfahrung im Sinne von Erscheinen und Wahrnehmen von Erscheinung, es geht um das Sich-Zeigen und Sichtbar-Werden und damit um das Gegenwärtig-Werden Gottes, des Göttlichen. Und schließlich ist die Rede davon, daß die Erfahrung Gottes im Leben in dieser Welt nicht eine Erfahrung sei abgesetzt von anderen Erfahrungen, daß nämlich der Gott oder das Göttliche sich nicht als eine orthaft »ausgegrenzte« Gestalt zeigen, neben anderen Gestalten in dieser Welt, so als wäre die Erscheinungsgestalt des Göttlichen gleicherweise hervortretend wie die der Dinge in dieser Welt. Sondern es wird gesagt, daß die Dimension dieser Erfahrung, dieser Erkenntnis, dieses Vernehmens Gottes und also seiner Erscheinungsgestalt, seines Bildes, seines Wesens eine »eigene Dimension« sei. Nahegelegt wird dabei: Die Wesensgestalt, das Wesensbild Gottes und der Gotteserfahrung ist also nicht begrenzt, nicht endlich, nicht faßbar wie sonst die Bilder, die Gestalten, die Wesensmanifestationen der Dinge und ihrer Wahrnehmungen und ihrer reflektierten Erkenntnis; sondern die Wesensgestalt oder das Wesensbild des Göttlichen, des Gottes ist vielmehr nur *in* allen solchen Erfahrungen und Erfahrungsgestalten und geht *durch* alle hindurch, sozusagen, weil nicht ausgrenzbar, eben unbegrenzt, unendlich, unfaßbar, - und doch erscheinend, sich »bildend«, wesentlich eigen und eigentümlich. Kurz: es geht also um Gottes und seiner Erfahrung »Wesen« als Wesen aller Wesen, als Wesen in allen Wesen und durch alle Wesen hindurch, um das Bild Gottes in allen Bildungen, aber deshalb zugleich jenseits der Bildhaftigkeit der begrenzten, der einzelnen Bilder, um die Überfülle jener eigentümlichen göttlichen Erfahrungsdimension, die keine solche Fülle ist wie die der vollen, der ganzen, der abgeschlossenen Bereiche neben anderen solchen Weltbereichen. Überfülle im Sinne des überwesentlichen Seins aller Wesen, des überbildhaften Bildes aller Bilder oder, wie das auch genannt werden kann: des Nichts. Dann ginge die Frage in die dunkle Nacht des Lichts selbst[1] und in die Leere, die alle Gestalten und Abgrenzungen und Erscheinungen, Zeichnungen und Zeichen erst einräumt, gewährt und hervorkommen läßt.

Halten wir hier ein, so ist unschwer zu bemerken: Das bisher Gesagte ist unserem Selbstverständnis ganz nahe, nämlich so, daß es uns aus der platonisch-aristotelischen Überlieferungs- und Auslegungsgeschichte her zugedacht ist. Erfahren, Erkennen, Denken, das ist hier offenbar verstanden als eine eigentümliche Art von Sehen, nämlich als geistiges Sehen, geistiges Vernehmen, geistiges Begegnen. Und entsprechend: Das Erkennbare, das Erfahrbare ist wie selbstverständlich genommen als sichtbar Erscheinendes, zwar nicht als sinnlich Sichtbares, aber eben als

1 Vgl. *B. Welte*, Das Licht des Nichts, Düsseldorf 1980.

geistig Sichtbares und Vernehmbares, als wesentlich Bildhaftes, das sich im Denken und für das Denken als wahr und offenbar zeigt. Dieses Selbstverständnis gewinnt sich ganz unleugbar von der sinnlichen Wahrnehmung, prototypisch vom Gesichtssinn her und erhebt sich dann metaphorisch-metaphysisch aus dem leibhaften Sehen transzendierend zum geistigen Erfahren, zum geistigen Erkennen und Vernehmen, dem das Vernommene zur sichtbaren Erscheinung und Gestalt wird, freilich eben zu einer Art gedanklicher, geistig vernehmbarer, übersinnlicher Gestalt. Unter dem Maßstab dieser übersinnlichen, metaphysischen und auch metaphysisch-theologischen Optik steht dann auch die Gotteserfahrung und das Gottdenken.

Jedoch, der Programmtext der Akademie redet auch noch in einer ganz anderen Weise als nur mit Blick auf die Dimension des Sehens, des Erscheinens und Sich-Zeigens. Der Text redet plötzlich von der Gotteserfahrung als Erfahrung der »Stimme in allen Stimmen«, auch wenn dieser Ausdruck sogleich ein »Bild« genannt wird, vermutlich unvermeidlich. Gott: die Stimme in den Stimmen, also doch nicht nur das Bild aller Bilder, die Erscheinung in allen Erscheinungen, die Gestalt aller Gestalten, sondern die Stimme in den Stimmen. Das Erscheinen Gottes in der Gotteserfahrung, die in allen Erfahrungen und durch alle Erfahrungen hindurch und über sie hinaus geht, ist also vielmehr sein Sprechen, durch alle Sprachen und in allen Sprachen und über allen Sprachen zuvor. Es ist die Rede vom »ersten und letzten Wort« aller Worte. Wie dem Erscheinen einer Gestalt, eines Bildes das Sehen zugeordnet ist, so aber ist doch der Stimme und dem Sprechen und dem Wort, da es verlautet, das Hören zugeordnet. Das Sehen sieht das Erscheinende, das Hören hört das verlautende Wort, die Stimme. Freilich, mit Wendungen wie »Stimme in den Stimmen«, oder »das erste und letzte Wort« aller Worte, mit Wendungen wie »Sprache über und in allen Sprachen und durch sie hindurch« folgt der Text immer noch dem Schema der vorher erwähnten Optik, folgt er immer noch in einer Art Isomorphie oder Analogie der Rede vom göttlichen Urbild aller Bilder und Nachbildungen, der Rede vom überwesentlichen Wesen aller Wesen, von der Gestalt aller Gestalten oder der Form aller Formen. Das ist wohl unvermeidlich, wenn und solange wir, einer dem anderen, etwas vermitteln und sagen und deutlich machen wollen, nämlich sichtbar machen wollen, etwas, das »Was«, das Wesen. Das Wesentliche, das erfahren und festgehalten werden soll: Das ist die Gestalt, die unverrückbare, das Bild, als wahres Bild unberührt und unberührbar vom Fortriß der Zeit. Aber das Wort, die Stimme, das Sprechen, dies hat doch an ihm selber, zwar übersehen, noch eine ganz andere Seite, nämlich die des Ertönens, das allein vom Hören vernommen wird.[2]

Gewöhnlich verstehen wir freilich unter »Sprechen« und »Hören« das Aufweisen, das Verdeutlichen und deutlicher Zu-fassen-Bekommen.[3] Wir wollen, indem wir etwas sagen, etwas sichtbar machen und zeigend vermitteln. Aber vielleicht sollte das Hören und das Sprechen nicht nur nach dieser »Seite« hin, nämlich des Lichtes und der Figur und Gestalt, des Sichtbarmachens und der Erscheinungsvernahme verstanden werden, sondern nach der anderen Seite hin, die wir nicht nur übersehen, sondern im Sprechen und Hören zumeist überhören. Was ist dann das eigentlich Hörbare am Hören und seinem Gehörten? Nicht das Erscheinen und das Aufzuweisende, nicht das »Etwas«, das gesagt wird, sondern rein das hörbare Ertönen im Hören und Gehörten? Der Programmtext redet in diesem Zusammenhang nicht von einem »Etwas«, das zu hören sei, nicht von »Wesen« und »Gestalt« und nicht vom Aufscheinen und Im-Licht-stehen, sondern der Text redet in diesem Zusammenhang mit Recht vom Ton der Stimme, von der »Tonalität« des Sprechens. Das Erscheinen des Wortes ist nach dieser Seite hin tatsächlich, wenn wir im Hören aufmerksam hören, gar kein Erscheinen, sondern sein Tönen, Ertönen, sein Lautwerden, sein Verlauten; es ist das

2 Vgl. *A. Halder*, Bild und Wort, in: *B. Casper* (Hg.), Phänomenologie des Idols, Freiburg/München 1981, 65-105; *ders.*, Aktion und Kontemplation, in: *F. Böckle* u. a. (Hg.), Christlicher Glaube in moderner Gesellschaft 8, Freiburg i. Br. 1980, 71-98.

3 Vgl. *R. Merkert*, Zur Anthropologie des Hörens, in: Stimmen der Zeit 206, 1988, 759-770; zur »akroamatischen Dimension der Hermeneutik« vgl. *M. Riedel*, Hören auf die Sprache, Frankfurt a. M. 1990.

Erklingen und Verklingen der Stimme, das Anheben und Aufhören des Sprechens.

Das Sehen will von sich her nicht aufhören, das Erscheinen will bleiben, denn das Wesen ist das Währende. Aber was wir hören, hebt an, geht fort und verklingt. Wenn wir auf diese Seite des Sprechens und Hörens aufmerken, dann sind wir aufmerksam nicht nur auf das, *was* gesagt wird, sondern eher darauf, *wie* gesprochen wird. Wir werden aufmerksam auf die Betonung selber, nicht nur auf das, »was« betont wird, sondern auf die Akzentuierung. Der Ton, sagt man, macht die Musik. Und zwar nicht nur *ein* Ton, sondern *viele* Töne. Aber damit Musik ertöne, müssen die Töne verklingen. Keiner darf bleiben. Und so im Sprechen, das Sprechen hebt an und hört auf, und jedes Wort darin lautet und verlautet.[4] Um so zu hören, ist freilich, so sagt der Text, eine besondere Sensibilität, Empfänglichkeit, Sinnlichkeit nötig, eine Sensibilität, die sich weniger im Sehen und im Gesichtssinn sammelt, sondern eher im Hören und im Gehörsinn sich sammelt oder vielmehr sich aussetzt, sich hinhält. Der Gehörsinn, so läßt sich vermuten, ist weniger der Sinn, der nach der gültigen, wahren, bleibenden Erscheinung verlangt, der das wesentliche Sein alles Seienden will und der die Rettung der vorübergehenden Einzelerscheinungen in ihre ewige, allgemeine Grunderscheinungsgestalt hinein sucht (Idealität, Formalität).[5] Vielmehr ist der Gehörsinn so etwas wie der Sinn, der betroffen wird durch den Schrei dessen, was anhebt, was geboren wird im Jubel oder Schmerz, aber auch durch das Schweigen dessen, was von uns geht, sei es uns lieb oder sei es zur Last geworden. Viel leichter als die Ohren können wir die Augen schließen. Das Sehen hängt von unserer Macht viel eher ab, von unserem Wollen, von unserem Können. Hören müssen wir zumeist, ob wir wollen oder nicht. Deshalb sei im folgenden zunächst etwas zum Vorrang des Sehens in der uns selbstverständlich gewordenen Ausle-

4 Vgl. *G. W. F. Hegel*, Phänomenologie des Geistes (1807), hg. von *J. Hoffmeister*, Hamburg 1948, 362f.; *ders.*, Enzyklopädie (1830), § 459.

5 Zur Geschichte und gegenwärtigen Problemstellung vgl. *J. Mittelstraß*, Die Rettung der Phänomene, Berlin 1962.

gung des Denkens und Sprechens gesagt und zum Hören nur im Schatten dieses Sehens.

2. Sehen und Zeigen als Modell für das Selbstverständnis von Denken und Sprechen

Eine alte Bestimmung des Menschen lautet: Er ist das vernünftige oder jedenfalls vernünftig sein sollende und vernünftig werden könnende, das heißt eben denkende Lebewesen (*animal rationale, zoon logon echon*). »Denken« und »Denkvermögen« - mit allen Synonymen und allen Konnotationen dieser Grundworte oder Grundbegriffe sowohl in der Philosophie als auch in der Theologie und in den Wissenschaften bis hinein ins alltägliche Leben - Denken ist dabei wie selbstverständlich ausgelegt vornehmlich als geistiges Sehen und als geistiges Blickvermögen. Mit dem Auge nicht nur des Leibes zu sehen, sondern, wie Platon sagt, mit dem Auge der Seele, mit dem Auge des Geistes, im Licht der Vernunft, in einer Geschichte der Aufklärung, des Hellwerdens: das ist seit langem die uns leitende Absicht. Nicht erst seit Platon, aber er markiert einen ganz entscheidenden Aufbruch in dieser unserer abendländisch-europäischen Geschichte der Selbstverständigung und der Selbst- und Weltgestaltung des menschlichen Geistes. Wir wollen Übersicht, Durchsicht, Einblick in das, was ist, und zwar möglichst bis auf den Grund und sogar bis in den Abgrund des Grundes. Wir wollen wissen, und »wissen« ist verwandt mit lateinisch *vidi* und bedeutet: etwas, möglichst alles, so sehen und vor den Blick bringen, als habe man es immer schon gesehen, so daß es dann unverständlich wird, daß man es nicht schon zuvor gesehen hat, daß es nicht zuvor schon eingeleuchtet hat, wo es doch eigentlich »an sich« auf der Hand und offen lag. Aber auch diese Tatsache, daß uns, wenn wir wirklich etwas wissen, unverständlich wird, warum wir es denn nicht zuvor schon eingesehen haben, auch diese Tatsache können wir, zumal heutzutage, physiologisch-psychologisch-soziologisch noch einmal selber erklären und aufklären und bis in ihre Gründe hinein durchschauen wollen. Es gibt nichts, was wir nicht sehen, durchblicken, wissen wollen. Wir wollen selbst noch den Einblick in die Prozeßstruktur des Wissenserwerbs gewinnen.

»Zum Sehen geboren, zum Schauen bestellt« - die goethesche Bestimmung des Menschen zum Türmer hat eine lange Geschichte. Es ist die Geschichte der *theoria* und Theorie (*theorein* = schauen) und der Aufklärung und Sichtvermittlung, Geschichte des Wissenschaffens im weitesten Sinn. Heute haben wir das Videozeitalter erreicht, worin uns das Wissen des Menschen über sich und über die Welt, die Information über die Formen und Gestalten und Bilder aller Dinge und aller Bewegungsabläufe (selbst über die abstraktesten und scheinbar unanschaulichen Bewegungsabläufe und Zusammenhänge), anschaulich und sinnlich wahrnehmbar gemacht wird auf den Bildschirmen, graphisch, schwarzweiß und koloriert. In der zeitgemäßen Forderung nach »Visualisierung« alles Wissensnötigen bezeugt sich aufdringlich: Was Denken, Erkennen, Wissen heißt, was Geist, Verstand, Vernunft, Denkvermögen bedeuten, das ist selber verstanden als eine höhere oder tiefere, umfassendere oder ausgreifendere Weise des Sehens als eines transzendierenden Sehens über das nur sinnliche Sehen hinaus. Ein Sehen, das auf die Bilder von allem und jeglichem hinblickt, die berühmten »Bilder« schließlich vom Menschen, von der Welt, von Gott. Das Denken gewinnt sich und sein Selbstverständnis vom sinnlichen Sehen her, in dessen Erhebung und Bedeutungserhöhung und Bedeutungsübertragung.

Und selbst wo andere Metaphern wie Begreifen oder Schließen oder Erfassen, Vorstellen oder Abhandeln und Behandeln eine Rolle spielen in der Auslegung dessen, was Denken heiße, Metaphern also aus dem Bereich nicht so sehr des Sehens, der »Theorie«, sondern des handgreiflichen Umgangs mit den Dingen, der »Praxis«, da enthüllt sich nur der innerste Bezug und Charakter des Sehens und seiner Bilder im Zusammenwirken mit dem handgreiflichen Umgang und der Herstellung der Dinge. Sehen ist dann als Planung und Voraussicht offensichtlich so etwas wie eine Art Probehandeln, entwerfende Vorausbildung der Gestalt, Vorstellung der Herstellung, Theorie der Praxis. Sehen ist das Wesentlichste des schöpferischen oder auch nur nachschöpferischen Tuns.

Der »Sehsinn«, und zwar der sogenannte sinnliche wie auch der sogenannte geistige, »vernünftige« Sehsinn, ist der prototypische, weil aktivste Sinn. Sehen - und also Denken - heißt in sich selber schon: sehen wollen. Und Wollen (das ist der Unterschied zum bloßen Wünschen) ist solches nur und in dem Maße, in dem es handelt, baut, bildet. Deshalb ist dann auch Gott, das göttliche Denken oder der göttliche Geist: das absolute Schauen, dem nichts vorhergeht und entgeht, das absolute Tun, der *actus purus* (»esse est actus, actus purus est intelligere«, so Thomas von Aquin). Die Welt dieses göttlich schöpferischen Sehens und Schauens ist seine Bildschöpfung. Der Mensch, der denkend blickende, das ist sein Ebenbild. Und wo das menschliche Vermögen einer solchen Gottes- und Weltsicht aus welchen Gründen auch immer erschlafft, wo das denkende Schauen des Menschen sich nicht mehr bloß in Analogie zum und Partizipation am göttlichen Schauen und Denken verstehen kann und will, wo dieses menschliche Denken vielmehr die ganze Größe und Last des Weltentwurfs und der Weltgestaltung auf sich selbst nimmt, wie in der Neuzeit, und zuletzt daran offenbar scheitert - da suchen wir dann die Erinnerung an die großen vergangenen Bildungen und Bilder des Geistes, aus Orientierungsnot, oder wir flüchten statt zu diesen großen Bildern, den Ideen, den *eide* der Überlieferung, zu den aufgeblähten kleinen Bildchen, den *eidola*, den Idolen und Idyllen unserer Zeit.[6] Aber es ist so: Das Denken, Erkennen, Erfahren, das Wissen versteht sich seit langem als Sehen, vom leibhaften Sehen des Lebewesens Mensch und seinem Lebenswillen her, sich inmitten des Vielen und fortgehend Wechselnden der Dinge zu erhalten. Es gilt dann, das Vielerlei zu ordnen, das, was sich auf uns wirft, im voraus schon festzustellen, was entfliehen will, immer noch festzuhalten.

Sehen meint, mit den Augen folgen, einholen, verorten, etwas in eine Situation, das heißt, in eine ruhige Lage, zum Stand, zur Gegenwärtigkeit bringen. Nur so ist nämlich Orientierung mög-

6 Vgl. *F. Ulrich*, Sprache der Begierde und Zeitgestalten des Idols, in: *B. Casper* (Hg.), Phänomenologie des Idols, Freiburg/München 1981, 133-269.

lich im Raum, im Horizont des im Augenaufschlag, in einem Schlag Überblickten und auf einmal In-den-Blick-Genommenen. Was wir auf einmal, in einem Augenaufschlag, in den Blick nehmen, das ist das viele räumlich Auseinanderliegende, das wir zusammennehmen in die Gleichzeitigkeit der Gegenwart. Das Nebeneinanderherlaufende und Auseinandergehende ist versammelt in den *einen* Blick der Gleichzeitigkeit. Der Raum hat die Zeit der Gegenwärtigkeit, der Gleichzeitigkeit. Was im Raum ist, ist gleichzeitig »da«. Der Raum ist Raum der Gegenwart, indem er Raum der Gegenwärtigung ist, der Wahrnehmung des »hier und dort zugleich«. Die Zeit als die Gegenwart des Raumes ist hier die Gleichzeitigkeit. Deshalb sind alle Kämpfe des Wahrnehmungslebens und Lebenwollens Kämpfe um den Raum und damit Kämpfe um die Gegenwart.

Und was ist dann die Zukunft? Die Zukunft ist die vorauszusehende, die »noch nicht« aber »schon zukünftige« Gegenwart, ihre Verlängerung sozusagen, jedenfalls insofern, als es ihre Gewolltheit, ihre Geplantheit betrifft. Die Zukunft ist dann nur die Steigerung der jetzigen Gegenwart. Nur so sind Sicherheit und Beständigkeit, Kontinuität möglich, Sicherheit vor Überraschungen durch eine ganz »andere« und »unvorhersehbare« Zeit.

Und was ist dann die Vergangenheit? Sie ist nicht losgelassen und vorbei, gleichsam als eine ganz »andere« Zeit, sondern sie ist als erinnerte immer noch die mitgesehene, vorherige Gegenwart, nur das Vorher des Jetzigen. Zukunft und Vergangenheit werden zu Defizienzmodi von Gegenwart, denn die Gegenwart ist die »eigentliche« Zeit.[7] Das Denken, das sich ausschließlich vom Sehen her versteht, als ein transzendierendes Schauen über das sinnliche Blicken hinaus, versammelt alles, was war, was ist und was sein wird in das eine Sein der umgreifenden wesentlichen Situation der Wirklichkeit im ganzen, in die absolute Wahrheit einer einzigen ewigen Gegenwart des göttlichen Blicks, als Gleichzeitigkeit aller möglichen Vergangenheit und aller möglichen Zukunft und aller möglichen Gegenwart. In solcher ewigen Gleichzeitigkeit und Gegenwart von Vergangenheit und

7 Zur uneinholbaren Differenz der Zeiten vgl. *E. Levinas*, Die Zeit und der Andere. Übersetzt und mit einem Nachwort versehen von *L. Wenzler*, Hamburg 1984.

Gegenwart und Zukunft ist nichts noch nicht erreicht und nichts je verloren. Man kann diese Vorherrschaft des Sehens in der Auslegungsgeschichte des Denkens unschwer verfolgen durch alle Stationen der metaphysischen, der philosophischen und auch theologischen Spekulationsgeschichte hindurch, bis hinein in das neuzeitliche wissenschaftliche Selbstverständnis, in die wissenschaftliche empirisch-theoretische Sichtweise, in den wissenschaftlichen Blick auf die Dinge.[8] Denken heißt Sehen, Zusammenschau im Raum der Gleichzeitigkeit, worin wir auch die Vergangenheit nachzeichnen und die Zukunft vorauszeichnen, auf einem gemeinsamen Plateau.

Freilich: Das Denken des sinnlich-leibhaften Menschen geschieht eben nicht abstrakt, isoliert »gedanklich«, sondern im sich äußernden, sich bekundenden Sprechen, als Äußerung wenigstens im Innern, als Sprechen mit sich, worin freilich das Sprechen mit Anderen und Anderem nachhallt. Das griechische Wort *logos* meint noch diese merkwürdige Zweieinheit von Sprache und Denken. Diese merkwürdige Zweieinheit lebt noch nach in den bekannten Wendungen wie: »Der Gedanke ist die Seele« oder »der Geist des Wortleibes«, »die Sprache ist die sinnliche Fassung und Äußerung des Denkens« usw. Das im 18./19. Jahrhundert anhebende philosophische und theologische Sprachdenken legte den Nachdruck auf die Unlösbarkeit dieser konkreten Einheit von Denken und Sprechen. Und die analytische Philosophie unseres 20. Jahrhunderts war und ist (mit zunehmender Bedeutung auch für die Theologie) Sprachphilosophie, zwar »logische« Analyse, aber immerhin Analyse der »Sprache«. Daß seit dem Anfang unserer europäischen Denk- und also Sprachgeschichte das Sagen in der Form des Aussagens, also der Aussagesatz, als exemplarisches Sprechen gilt, ist dabei unbestritten.[9] Wenn nun die moderne Sprachanalyse auf lang vernachlässigte andere Sprachformen hinweist, auf andere Sprachhandlungsarten im lebendigen Umgang der Menschen untereinander und mit den Dingen (auf das Fragen, das Antworten, das Bitten, das Beten, alle möglichen Sprachhandlungsformen

8 Vgl. *H. R. Klauß*, Zur Genealogie des wissenschaftlichen Blicks, Oldenburg 1986.
9 Vgl. *J. Simon*, Sprachphilosophie, Freiburg/München 1981.

außerhalb der Aussage), so will die analytische Sprachphilosophie über diese Formen neben und außer der Aussageform doch selber etwas aussagen, sagen, zeigen, aufweisen. Sprache als solches »Sagen« aber bedeutet schon etymologisch »Zeigen«. Wer jemandem etwas sagt, zeigt ihm sprachlich vermittelt etwas auf.

Sagen heißt zeigen, aufweisen, etwas zum Erscheinen und in die Sichtbarkeit bringen, damit aber auch: jemandem zum Sehen verhelfen, der ohne Hilfe zuvor selber nicht gesehen hat. Wer nicht selbst schon (ein)gesehen hat, dem muß gesagt werden. In dieser auslegenden Metaphorik und Metaphysik konnte der Mensch zum Beispiel zur Aussage, zum Wort und Satz und Spruch Gottes werden, wie die Welt auch zur Offenbarung und Manifestation Gottes. Gott spricht, und das Ausgesprochene ist die Welt und der Mensch. Gott denkt, und die Welt und der Mensch ist. Denken und Sagen: dasselbe. Die Welt und auch der Mensch sind als das Ausgesagte das Wort Gottes, wenn nicht sein erstes und letztes Wort, so wenigstens sein zwischenzeitliches, sein vorläufiges Wort. Bis »Er«, Gott selbst, und in ihm alles gesehen sei in reiner Unverhülltheit von Angesicht zu Angesicht. So gesehen besagen auch die Dinge uns etwas, zeigen sich in dem, was sie sind, auf und verweisen (wenn auch wesenhaft begrenzt, also unvollkommen) auf denjenigen und dasjenige, was durch sie hindurch sich aussagt, erscheint, zeigt.

Sprechen, Sagen, Zeigen stehen unter der Maßgabe des Sehens und Erscheinens und seiner Räumlichkeit und Gleichzeitigkeit; und unter dieser Maßgabe steht gewöhnlich auch das Hören. Hören ist dann eine Defizienzform von Sehen, nämlich: nicht unmittelbar selber sehen und einsehen, sondern auf Sichthilfe angewiesen sein. Selber sehen ist besser, orientierungssichernder, als nur durch Hören vermittelt etwas vor sich, im Bewußtsein, im dann unzureichenden Wissen haben, etwas nur vom Hörensagen her kennen. Wer nicht selber sieht, muß wenigstens hören, das heißt, der Sicht eines Anderen folgen und sich in diese Sicht einüben, sie »internalisieren«, auf daß er dann schließlich selber sehe. Und wer nicht einmal in diesem Sinne hören will, muß fühlen. Er erhält es dann eines Tages schon auf nochmals andere Weise »gezeigt«. Alle diese Metaphern aus dem optischen Bereich, übertragen auch ins Denken und Sprechen, haben eine erschreckende Zweideutigkeit. Das so verstandene Hören geht vor im Schatten des Sehens, des Erscheinens, des Selbsteinsehens oder des Gezeigtbekommens, des Gesagtbekommens. Das Hören ist diejenige Passivität, die sich an der Aktivität des Sehens bemißt, des »Selber-sehen-Wollens«, und die sich steigern will in die Aktivität und Spontaneität des Sehens hinein, um sich darin schließlich überflüssig zu machen. Der Glaube, sagt man, kommt vom Hören; aber wonach sehnt sich denn der Glaube gewöhnlich? Nach jener ewigen Vollkommenheit, worin er nicht mehr bloß glauben muß, sondern worin er sieht, worin er nicht mehr nur fürwahrhalten und annehmen und empfangen muß, vielmehr worin er dann untergegangen oder aufgegangen sein wird in originärer Anschauung ohne Distanz, ohne Differenz, ohne Defizienz.

Zwar ist es üblich geworden, das biblische Hören dem griechischen und damit dem europäischen Denken als Sehen gegenüberzustellen, aber es hätte ja kaum mit diesem griechischen Sehen und Denken sich verbinden können (zumal in der christlichen Theologie als »Selbstklärung« des Glaubens), wenn nicht in diesem biblischen Hören selber schon nach einer Seite hin ein Verlangen wirksam gewesen wäre nach Anschauung, Sichtbarkeit, Offenbarkeit, nach verläßlichem Raum und nach Fülle in Gleichzeitigkeit, Verlangen nach dem gelobten Land. Das »Höre Israel« hat wenigstens nach dieser einen Seite hin immer auch und vornehmlich die Eigentümlichkeit: »Ich sage dir, ich zeige dir, ich weise dir auf [...] und dich an [...]« - obwohl nicht das Volk, sondern Mose nach seiner Bekundung wahrnahm, was Gott zu ihm sagte und ihm zeigte, und das Volk Mose glaubte.

Ist nun diese eine Seite des Sprechens als Sagen und Zeigen und damit des Hörens als Sich-zeigen-Lassens die einzige »Seite«? Nämlich diejenige Seite am Hören, die dem Erscheinen und Sehen, den sinnlichen und geistigen Bildungen und Gestaltwahrnehmungen zugewandt ist, den Bildern, die jeweils zum Stand gebracht sind? Denn alle Bilder sind Standbilder. Und deshalb wollen und sollen sie einen unverrückbaren Halt gewähren,

Orientierung geben im sinnlichen Lebensraum wie im geistigen Raum des Verstehens, worin sie die Leitfiguren und Leuchtfeuer sind, auf die zu wir das viele Nebenher- und Auseinanderlaufende überblicken und fassen in derselben Ordnung eines kulturellen Zeitraums, einer geschichtlichen Gegenwart von Erinnerung und Erwartung. Aber wenn auf eine andere Seite des Sprechens und Hörens überhaupt aufmerksam gemacht werden könnte, was wäre dann diese? Und was bedeutete die dem Sprechen und Hören nach dieser anderen Seite hin eigentümliche Zeitlichkeit?

3. Bemerkungen zum Sprechen und Hören in anderer Fragerichtung

Wir sagen und hören nie nur solches, *was* ausgesprochen wird. Wir hören und sprechen stets auch, *wie* gesprochen, gesagt, behauptet wird, *wie* gefragt, geantwortet, erbeten oder verweigert wird: laut oder leise, scheinbar unerschüttert oder auch zitternd, gequält oder jubelnd, ängstlich oder furchtlos, und selbst das Schweigen ist nicht immer nur ein sogenanntes »beredtes« Schweigen, das ganz deutlich »etwas« sagt, sondern es gibt das einfache, nichts Bestimmtes ausdrücken wollende Schweigen, das in seinem Schweben, seinem leichten Schwingen dem Schweigenden und dem Hörenden völlig genügt. Es kommt nicht nur auf das an, *was* gesagt und verschwiegen und auch damit noch sehr deutlich gemacht wird. Es kommt auch auf den Ton an, wie gesagt und wie geschwiegen wird. Und selbst die Dinge um uns her, nah und in den fernsten Fernen, sie zeigen nicht nur und »sagen«, was sie sind und als was sie wahrgenommen werden wollen in ihrer Erscheinung und welches anschauliche und gedankliche Bild wir von ihnen haben sollen. Die Dinge »sprechen«, die Welt ist voller Töne, es knackt und rauscht, rasselt und dröhnt, klingt und summt usw. Das Wort »Sagen« kommt von »Zeigen«, aber das Wort »Sprechen« kommt aus dem Wortfeld des »Berstens«, des »Brechens«. Sprache tritt hervor nicht allein als Erscheinungshilfe und Bildvorstellung, sondern indem sie anhebt, aus dem Schweigen aufbricht, indem das Wort, der Satz, die Rede abbricht und ins Schweigen zurückfällt. Sprache ertönt. Wir achten freilich zumeist, wenn wir sprechen und hören, auf die Betonung, den Akzent eines Wortes oder Satzes vorrangig in seinem Aussagegehalt, auf das, *was* gesagt wird, also auf das, was *gesehen*, *gesagt*, *»gezeigt«* ist, worüber wir informiert sein wollen, ins Bild gesetzt sein sollen. Die Betonung, der Ton steht dann nur im Dienst und zum Zweck der Verdeutlichung, des klärenden Vorstellens und Erblickens. Aber was ist die Tönung selber, was Ertönen, Klingen, Schreien, Brausen und auch Schweigen? Schon diese Frage freilich (»was« ist es?) ist unangemessen. Dennoch: Die Welt ist voll von diesem Ertönen und Klingen und Schreien und Schweigen, wenn man nur »hört«.

Etwas ertönt, insofern es eben nicht nur erscheint und in seiner Gestalt hervorgetreten verweilt; sondern etwas ertönt, wenn seine Gestalt und Form berührt und bis ins Innerste bewegt wird, wenn sie erzittert unter einer sanften Reibung oder einem harten Schlag. Hören nach dieser Seite hin heißt dann: mitgetroffen, mitbewegt, leicht berührt oder geschlagen werden usw. Sprechen teilt mit und Hören nimmt teil, wie einem zumute ist unter der Berührung und Bewegung, unter dem Berührt- und Getroffen-, Gestreichelt-, oder Gestoßenwerden. Sprechen und Hören sind, wenn wir darauf achten, Mitteilung und Teilnahme an der Gemütsbewegung, am Herzschlag der Menschen und der Dinge. Und in gewisser Weise ist am sprechendsten und am hörbarsten, also am bewegendsten, der erste und der letzte Herzschlag, die Geburt, das Entstehen einer neuen Erscheinungsgestalt in der Welt, und ihr Tod, ihr Vergehen. Die Explosionen und Implosionen ganzer Sternwelten im Schweigen des grenzenlosen Weltalls: wenn man Ohren hätte, das zu hören [...] - aber dann hörte man vermutlich auch das Gras wachsen und verdorren. Die Geburt des Menschen ist, in der Regel erwünschtermaßen, mehr oder weniger laut zu vernehmen. Die Redewendung, daß beim Tod des Menschen, des Nächsten, sein Auge bricht, hat nur Sinn, wenn damit nicht nur der physikalisch-biochemische Vorgang in seiner beobachtbaren und auf gewußte Gesetzlichkeit zurückführbaren Verlaufsfigur gemeint ist, sondern die Redewendung vom Brechen des Auges hat nur Sinn, wenn dieses Brechen auf eigentümliche Weise als Abbruch des unmittelbaren Gesprächs mit ihm gehört wird. Das Brechen wörtlich genommen »sieht« man nicht, es kann nur »gehört« werden.

Das Sehen will Sachlichkeit, Verbindlichkeit, Ständigkeit von etwas, das erscheint und sich zeigt als das, was es in Wahrheit ist. Das Hören aber vernimmt und nimmt teil am Nichtbleiben, an der Bewegung und Erschütterung, am Aufgang und Niedergang, am Emporschießen und am Sturz. Die Zeitlichkeit des Hörens selber ist nicht wie die des Sehens die Gleichzeitigkeit als räumliche Gegenwart des Vielen, als Ständigkeit selbst der schon bevor»stehenden« Zukunft oder auch in der Erinnerung fest»gehaltenen« Vergangenheit. Sondern die Zeitlichkeit des Hörens ist das Entstehen und Vergehen von Zeiten selber, von unvoraussehbarer Zukunft mit Überraschungen gleich welcher Art, seien es gute oder schlimme, von unvoraussehbarer Zukunft, an der alle Prognostik scheitert, und von Vergangenheit, die unwiederbringlich dahin ist, die selbst der Erinnerung, zum Leid oder auch zum Glück, entgleiten kann; und von Gegenwart, die fortgehend zwischen Lust und Schmerz bebt. Die Sprache der Dinge und der Menschen, die Stimmen bezeugen dieses fortgehende Durchzittern im Herzen all dessen, was ist. Sie bekunden, »wie« es einem jeglichen nach seiner Weise zumute ist, wie es durch das andere getroffen und berührt, bestimmmt oder vielmehr »gestimmt« ist.

Angenommen, Gott ist die Stimme in allen Stimmen der Welt und des Menschen (und unmittelbar hörbar sind nur diese vielen Stimmen, auch die Stimme eines Menschen, der das Ungeheuerste zu sagen wagt, er habe die Stimme Gottes selbst gehört) - denken wir dann dabei an die Stimmung dieses Gottes, an sein Berührt- und Bewegtsein, seine Gestimmtheit? Hören wir mit, wie ihm zumute ist? Ist Gott nur Auge, oder auch Gehör, durch das hindurch er mehr als durch jenes in sein »Herz« getroffen wird?[10] Die Alltagssprache, wenigstens die des Glaubens, kann

10 Vgl. *K. Kitamori,* Theologie des Schmerzes Gottes, Göttingen 1972; *H. Riedlinger,* Vom Schmerz Gottes, Freiburg i. Br. usw. 1983.

noch so reden, auch die biblischen Texte, und zwar insbesondere die alttestamentlichen, sprechen davon. Die Theologie und die Philosophie aber haben längst und jedenfalls auf weite Strecken hin diese Redeweise abgetan. Das Denken, das Erkennen, das Wissen und seine Vernunft, auch die gläubige Vernunft, sind längst in ihrem Selbstverständnis geprägt vom Sehen und Erscheinen und Zeigen, von den sinnlichen und den geistigen Wesensbildungen her. Heraklit konnte noch dazu auffordern, auf den göttlichen Logos der Welt in allen Dingen zu hören. Obgleich derselbe Heraklit auch feststellte, daß die Augen verläßlichere Zeugen sind als die Ohren. Die Pythagoräer wollten den Weltenklang, die *harmonia mundi*, vernehmen, die freilich faßbar sein sollte in aufzeigbaren Zahlenverhältnissen. Das waren Vorherspiele und Beiherspiele einer »Ton«-Sprache neben der »Bild«-Sprache. Das Sprechen und Hören als Ausdruck, als Stimme der Gestimmtheit und Bestimmtheit durch anderes, als Stimme der Passivität, die nicht ausweichen kann, der Passivität in Empfindung und Gefühl, traten zunehmend zurück hinter dem möglichst leidenschaftslosen aktiven und objektiven Sehen.

Wir wollen ja alle weniger »hören«, wie es in der Welt und mit den Menschen und möglicherweise auch mit Gott auf- und zugeht und wie jegliches jeglichem Anderen ausgesetzt und ausgeliefert ist in der Welt des Unvorhersehbaren und Nichtfesthaltbaren. Sondern wir wollen alle vielmehr »sehen«, was Sache ist, und die Sachen und uns ins bleibende Bild setzen, und sei es neuerdings nur jeweils hypothetisch. Und die Idee und das Ideal eines solchen sachlichen Sehenwollens ist das Bild einer göttlichen, einer zeitenübergreifenden unerschütterlichen Sicht, *sub specie aeternitatis*. Was hieße demgegenüber wohl: die Stimme Gottes (mit-)zuempfinden? Im Empfinden der hohen und tiefen Töne, der Klänge und Mißklänge, der besänftigenden und erschreckenden Laute, von denen die Welt voll ist? Vermuten darf man, daß die wahrhaft religiösen Menschen (und das sind zuerst und zuletzt jene, die, wie wir sagen, eine Religion oder eine Geschichte des Gottdenkens und der Gottsprache und des Gotthörens in der Welt gegründet, gestiftet haben) die Stimme der Stimmen in der Stimmung der Welt, die göttliche Befindlichkeit in ihrer Welt-Not und ihrer Not-Wende erfahren, das heißt dann: erhört haben.

4. Zur »religiösen Erfahrung«

Zum Leben, solange es lebt, und das heißt: leben will, gehören nicht nur Hören und Sprechen im eben angedeuteten Sinn, sondern in der Tat auch Einsehen und Sich-zeigen-Lassen und Etwas-selber-sehen-Wollen. Denn Leben heißt, sich selbst und die Dinge im Leben und die Situation von allem gestalten, formen, aktiv bilden. Das ist unbestreitbar und unvermeidbar. Pures Hören und Empfinden, pures Erschüttert- und Geschütteltwerden führt zugrunde. Der Nur-Sensible, der ohne Wehr Ausgelieferte geht unter. Alles Formen, Bilden, Gestalten, alles Beständigmachen, Institutionalisieren (im profanen wie im religiösen, kirchlichen Bereich) ist eine Wehr gegen den Fortriß der Zeit. Das Martyrium kann nur verkündet werden, solange die Verkündigung es übersteht und nicht selbst ihm unterliegt. Die Wehr geschieht gegen den Fortriß der Zeit, gegen jeden Neueinbruch, der aus den Fugen reißt, wie auch gegen das Vergessen des Altüberlieferten, das man für die Gegenwart hält. Das Bild, das Gottesbild wie das Welt- und das Menschenbild, schafft jeweils Ordnung, gewährt Orientierung, gibt Halt, eröffnet Gegenwärtigkeitsraum. Und wo die Not eines Umbruchs erfahren wird, da ist es um des Lebens willen nötig, sich ins Bild zu setzen, um Bildung, Gestaltung und Ordnung bemüht zu sein. Aber auch der Wehrhafteste und der Gestaltungsvermögendste stellt nicht sich und die Dinge, weder die Welt und den Menschen noch Gott, in den Bildern auf Dauer dieser Art. Das Sterben gehört zum Leben, und der Tod nistet im Geheimnis der Geburt. Der Gang der Zeiten, die Geschichte oder die Geschichten lassen erfahren, daß auch die haltgebendsten Bilder und Gestalten, Erscheinungsfassungen und Sichtweisen kommen und gehen; daß selbst die Geschichtsbilder und Geschichtssysteme, die Entwürfe, in denen wir diesen Gang der Geschichte der Welt und der Menschheit zusammenfassen und vor unserem geistigen Auge ausbreiten wollen, im Gang der Zeiten selber nicht bestehen bleiben. Wer die Geschichte nicht nur gleichsam ästhetisch wahrnimmt, anschaut und aufzeigt, sondern wer in die Geschichte hineinhört, weil er nicht nur das historische Auge, sondern ein Herz für die Geschichte hat, das hört, der nimmt den Schmerz wahr und die Erhebung, die Klage und das Aufatmen, die mit den Abbrüchen, Einbrüchen und Umbrüchen der Geschichte hörbar werden, in der eigenen Lebensgeschichte und in der engeren und weiteren Geschichte der Gemeinschaften bis hin vielleicht zur Menschheitsgeschichte, zur Weltgeschichte, zur Gottesgeschichte.

In einer bestimmten Geschichte zu leben und insbesondere in einer bestimmten religiösen Erfahrungsgeschichte, das bedeutet dann nicht, von ihr vornehmlich ein Gesamtbild zu haben von ihrer Vergangenheit und Gegenwart und entworfenen Zukunft, also dieses ganze Geschehen früher und heute und für morgen zu wissen, den Gesamtgang schon überblickt und durchschaut zu haben, so daß von Grund auf alle Lebens- und Bewegungsschritte festgelegt und aufgezeigbar und vorzeichenbar wären. Sondern in einer bestimmten - zum Beispiel religiösen - Erfahrungsgeschichte zu leben bedeutet dann die Bindung an einen Anfang und Fortgang in Treue und Hoffnung. Dies fordert nicht die Preisgabe der Freiheit, sondern legt ihr die Verantwortung auf, die sie von der Willkür und Beliebigkeit scheidet. Aber Verantwortung ist je die eigene, von niemandem und nichts abnehmbar. Das ist die Last der Freiheit und freilich zugleich ihre Beglückung. Sie ist zu tragen, auch wenn bislang tragfähige Gottes- und Welt- und Menschenbilder, Lebensanschauungen und Lebensgestalten stürzen und neue zu suchen sind. Sie ist zu tragen, wenn und solange das Vertrauen - ein anderes Wort dafür lautet: Glauben (*fides*) - allen Bildern und Anschauungen voraus und durch sie hindurch währen kann. Das Vertrauen, daß der Anfang nicht ein für allemal vorbei sei, sondern stets neu und also je anders anfängt. Der Gott ist freilich dem Menschen gegenwärtig nur im Bild, und es gibt von Gott kein Bild »an sich«. Das Bild ist die Weise der Gegenwart Gottes und der Menschen und der Welt. Aber kein Bild ist das einzige, sondern stets nur ein »je«-weiliges. So ist auch Gottes Bild seine Je-Weiligkeit, seine Je-Gegenwärtigkeit. Die Atemzüge Gottes sind langsam, zuweilen auch rascher. Daß die Herzschläge Gottes und seine Atemzüge durch die Welt- und Menschheitsgeschichte hindurch hörbar und spürbar sind, mag kommen was will (und selbst das, was *nicht* gewollt wird), das ist dann die Gewißheit des Vertrauens und damit des Trostes der religiösen Erfahrung, die vor den Umstürzen, den Auf- und Niedergängen ihrer eigenen Wissensgestalten keine Furcht zu kennen braucht.

Josef Wohlmuth

Gott - das letzte Wort vor dem Verstummen. Gotteserfahrung bei Karl Rahner und Emmanuel Levinas

1. Gotteserfahrung bei Karl Rahner

1.1 Gott - »das letzte Wort vor dem Verstummen« - Erste Annäherung

Kurz vor seinem Tod hat Karl Rahner hier in Freiburg davon gesprochen, von Gott schweigen könne man nur dann, »wenn man zuerst geredet hat«. Aber bei allem Reden dürfe nicht vergessen werden, daß unsere Gottrede nur dann einigermaßen legitim ist, »wenn wir [...] unsere Aussagen immer auch hineinfallen lassen in die schweigende Unbegreiflichkeit Gottes selber«[1].

Der Titel meines Beitrags ist ein Halbsatz aus K. Rahners *Grundkurs des Glaubens*[2]. Rahner denkt dort über das Wort »Gott« nach. Er geht davon aus, daß das Wort mit seinen vier Buchstaben als solches keinerlei Auskunft gibt über seinen semantischen Gehalt. Es blickt uns an, als wäre es »ein erblindetes Antlitz«. Dennoch ist es alles andere als ein beliebiges Wort unserer Sprache. Das Wort »Gott« appelliert nicht an Einzelerfahrungen, wie wenn ich etwa das Wort »Baum« oder »Tisch« verwende und dabei auf bestimmte Gegenstände deute. (Vgl. 56) Auf »Gott« kann ich nicht deuten. Ist das Wort deshalb sinnlos? Rahner spricht sich dafür aus, daß es eine ganz eigene, unverwechselbare Bedeutung hat: Es kann bedeuten: »der 'Unsagbare', der 'Namenlose', der nicht in die benannte Welt als ein Moment an ihr einrückt; das 'Schweigende', das immer da ist

1 *K. Rahner*, Erfahrungen eines katholischen Theologen, in: *K. Lehmann* (Hg.), Vor dem Geheimnis Gottes den Menschen verstehen, München/Zürich 1984 (Schriftenreihe der Katholischen Akademie der Erzdiözese Freiburg) 105-119, hier 106 f.

2 *K. Rahner*, Grundkurs des Glaubens. Einführung in den Begriff des Christentums, Freiburg/Basel/Wien ^{2}1976. (Die Zahlen in Klammern beziehen sich auf diese Ausgabe.)

und doch immer übersehen, überhört und - weil es alles im Einen und Ganzen sagt - als Sinnloses übergangen werden kann«. (56)

Ein wenig später folgen die Sätze, auf die es mir ankommt:

> »So ist das antlitzlos gewordene, d. h. das von sich selber her an keine bestimmte Einzelerfahrungen mehr appellierende Wort 'Gott' doch gerade in der richtigen Verfassung, daß es uns von Gott reden kann, indem es das letzte Wort vor dem Verstummen ist, in welchem wir es durch das Verschwinden alles benennbaren einzelnen mit dem gründenden Ganzen als solchem zu tun haben.« (56)

Rahner verbindet also mit dem Wort »Gott« die Markierung der Sprachgrenze vom Reden ins Schweigen, wodurch zugleich ein Horizont eröffnet wird, der sich auf das schweigende Ganze der Wirklichkeit richtet.

1.2 Einordnung des Satzes in den transzendentalen Ansatz Karl Rahners

Schon in seinem Frühwerk *Hörer des Wortes* hatte Rahner die These vertreten, das Sein und das Denken seien im Grunde dasselbe.[3] Soweit ich sehe, ist diese These für das Gesamtwerk Rahners wirksam geblieben.[4] Nach dem *Grundkurs des Glaubens*

3 Vgl. *K. Rahner*, Hörer des Wortes, München 1941, 52. Um hier allerdings nicht einem reinen Idealismus zu verfallen, betont Rahner gewisse Grade des Beisichseins bei den endlichen Seienden, vgl. *ebd.*, 61. Dies bedeutet: »Sein ist ein analoger Begriff.« *Ebd.*, 62. Es ist interessant, daß Rahner den Gedanken der Analogie in seiner Freiburger Rede noch einmal besonders betont.

4 Vgl. *L. Kugelmann*, Antizipation. Eine begriffsgeschichtliche Untersuchung, Göttingen 1986. Kugelmann hat sich in seiner Rahnerkritik (*ebd.*, 207-235) vor allem gegen die Identifikation von Sein und Erkennen gewandt. Der Vorgriff kann nur dann auf Sein ausgreifen, wenn Sein mit Erkennen identifiziert wird. Der Autor erinnert an das Ergebnis von *Geist in Welt* bezüglich des Gottesgedankens. In jeglichem Erkenntnisakt, der sich *ad phantasma* konvertiert, wird das Wissen vom Dasein Gottes immer schon vollzogen, vgl. *ebd.*, 231. Auch wenn Rahner nicht müde werde zu betonen, daß der Vorgriff nicht unmittelbar auf Gott gehe, »so geht er eben doch insofern auf Gott, als dieser ja der letzte Grund, die letzte Bedingung der Möglichkeit gegenständlicher Erkenntnis sein soll. Gott ist also das Postulat für den gelungenen Vorgriff - und damit zunächst nur Produkt menschlicher Subjektivität«. *Ebd.*,

(26-34) ist die geistige Erkenntnis eines personalen Subjektes »eine Erkenntnis, in der das wissende Subjekt sich selbst und seine Erkenntnis wissend besitzt«. (29) Es wird in der Erkenntnis nicht nur jeweils *etwas* gewußt, sondern das erkennende Subjekt *weiß sich mit*. Die primäre, unthematisch mitgegebene Erkenntnis des Subjekts »ist etwas, was sich sozusagen hinter dem Rükken des Erkennenden abspielt, der von sich weg auf seinen Gegenstand blickt«. (29) Der Erkennende kann dieses unthematische Mitwissen auch selbst zum Gegenstand der Erkenntnis machen. Aber auch dann ist es so, daß ein solcher Erkenntnisakt »selbst noch einmal eine solche ursprüngliche Selbstgegebenheit des Subjekts und des Wissens um diesen zweiten reflexen Akt als Bedingung seiner Möglichkeit, als seinen subjektiven Pol bei sich« hat. (29)[5]

Aus diesen Überlegungen folgt nach Rahner die *Apriorität* der menschlichen Erkenntnis. Schon die menschlichen Sinne (Ohren, Augen) geben das Maß dessen an, was gesehen und gehört werden kann. Das Subjekt hat in sich »ein vorgängiges Gesetz«, das bestimmt, was und wie sich ihm etwas zeigt. Ein Entsprechungsverhältnis zwischen Wirklichkeit und Erkenntnisorganen liegt vor, für das Rahner das Bild des Schlüssellochs verwendet: Denn »auch ein Schlüsselloch bildet ein apriorisches Gesetz dafür, welcher Schlüssel hineinpaßt, verrät aber gerade dadurch etwas von diesem Schlüssel selbst.« (30)

Nach Rahner ist in der Ganzheit der geistigen Erkenntnis des Menschen der »wissende, subjekthafte Selbstbesitz, die reditio completa, die vollkommene Rückkehr des Subjekts zu sich selbst [...] wirklich gegeben«. (31) Daraus folgt aber auch die

234. Kugelmann gibt allerdings mit K. Fischer zu, daß Rahner nicht so eindeutig zu interpretieren sei und daß der spätere Rahner die Geheimnishaftigkeit Gottes, ja seine Unerkennbarkeit und damit die Notwendigkeit geschichtlicher Vermittlung, deutlicher hervorkehre als in seiner Frühphase. *Ebd.*, 234 f.

5 Nach Rahner gilt, daß ein auf sich selbst reflektierendes Subjekt zwar auf die ursprünglich erhellte Selbstgegebenheit abzielt, diese aber - als reflektierte, thematisch gewordene Selbstgegebenheit des Subjekts - nie adäquat einholt. So wird der Spannungsbogen zwischen Subjekt und Gegenstand auch dann nicht aufgehoben, wenn das Subjekt sich selbst reflektiert, sich selbst zum Gegenstand macht. Das begrifflich verobjektivierte Subjekt ist nur der eine Pol, dem der andere Pol, »das ursprüngliche unthematische Wissen des Subjekts«, gegenübersteht.

grundsätzliche Geöffnetheit des Subjektes vor aller raumzeitlichen Erfahrung »für schlechthin alles, für das Sein überhaupt«. (31)

Damit steht Rahner an der Schwelle dessen, was er unter »transzendentaler Erfahrung« versteht:

> »Das subjekthafte, unthematische und in jedwedem geistigen Erkenntnisakt mitgegebene, notwendige und unaufgebbare Mitbewußtsein des erkennenden Subjekts und seine Entschränktheit auf die unbegrenzte Weite aller möglichen Wirklichkeit nennen wir die *transzendentale Erfahrung*.« (31)

Es geht hier um *Erfahrung*, weil dieses Wissen unausweichlich, wenn auch unthematisch Bedingung der Möglichkeit jedweder konkreter Erfahrung eines Einzelgegenstandes ist; diese Erfahrung ist *transzendental*, weil sie das erkennende Subjekt notwendig und unaufhebbar strukturiert und weil sie kategoriales Wissen übersteigt. Deshalb folgt für Rahner:

> »Die transzendentale Erfahrung ist die Erfahrung der *Transzendenz*, in welcher Erfahrung die Struktur des Subjekts und damit auch die letzte Struktur aller denkbaren Gegenstände der Erkenntnis in einem und in Identität gegeben ist.« (31 f.)[6]

6 G. Neuhaus macht in seiner glänzenden Rahnerinterpretation darauf aufmerksam, daß Rahner - ausgehend von der Phänomenologie der Frage - von Anfang an und gegen Heidegger »das Dunkel der Geworfenheit nicht als Nichts oder als Schwebe, sondern als das Geheimnis göttlicher Liebe bestimmt«. Deshalb könne er im Grundkurs »sehr unkompliziert die transzendentale Erfahrung mit der Erfahrung der Transzendenz gleichsetzen«. Vgl. *G. Neuhaus*, Transzendentale Erfahrung als Geschichtsverlust? Der Vorwurf der Subjektlosigkeit an Rahners Begriff geschichtlicher Existenz und eine weiterführende Perspektive transzendentaler Theologie, Düsseldorf 1982, 76. Die ursprüngliche Befindlichkeit reklamiert Rahner nach Neuhaus im Begriff der transzendentalen Erfahrung, bringt sie aber mit der Gründung des Daseins im Geheimnis göttlicher Freiheit in Verbindung (wodurch sich Rahner entschieden von Heidegger absetzt!). Vgl. *ebd.*, 56 f. So ergibt sich: 1. Rahner verankert mit Heidegger das Weltverhältnis des Menschen in einer vorwissenschaftlichen Befindlichkeit (die den Hintergrund des Verständnisses der transzendentalen Erfahrung bildet); 2. mit Heidegger gegen Kant kann Rahner somit aufrechterhalten, daß jede Urteilsbildung schon in einem vorgängigen Weltverhältnis gründet; 3. sehr im Unterschied zu Heidegger bestimmt Rahner aber dieses Weltverhältnis nicht in

Nachgeschoben wirkt in diesem Zusammenhang der Gedanke, die transzendentale Erfahrung sei nicht nur eine Sache der reinen Erkenntnis, sondern auch des Willens und der Freiheit. (32) Es ist bezeichnend, daß Rahner von der transzendentalen Erfahrung sagen kann, sie habe »nie von sich aus den Reiz der Neuheit eines unerwartet begegnenden Gegenstandes«. (32) Wird hier das »immer schon« zu einem »immer gleich«?

1.3 Folgerungen für die Gotteserfahrung

Mit der Rede vom Woraufhin der transzendentalen Erfahrung kommt Rahner an den Punkt, an dem die *Gottesfrage* artikulierbar wird. Mit der transzendentalen Erfahrung sei »ein gleichsam anonymes und unthematisches Wissen von Gott gegeben«; die ursprüngliche Gotteserkenntnis habe »den Charakter einer transzendentalen Erfahrung«. Deshalb gilt:

> »Insofern diese subjekthafte, ungegenständliche Erhelltheit des Subjekts immer in der Transzendenz auf das heilige Geheimnis geht, ist Gotteserkenntnis schon immer unthematisch und namenlos gegeben - und nicht erst dann, wenn wir anfangen, davon zu reden.« (32)

Zunächst sagt sich also der, den wir »Gott« nennen, schweigend dem Menschen zu »als das Absolute, Unübergreifbare«. (32) Für Rahners Anthropologie ergibt sich die schwerwiegende Konsequenz, daß der Mensch «das Wesen der Transzendenz auf das heilige, absolut wirkliche Geheimnis» ist. (32) Deshalb ist dieses absolute Geheimnis zugleich »das Selbstverständliche« und durchaus kein »metaphysische[r] Luxus unseres intellektuellen Daseins«. (33) Geheimnishaftigkeit und Selbstverständlichkeit schließen sich also gegenseitig nicht aus. Wir sind schon immer mit dem heiligen Geheimnis vertraut. (33) Was wir »Wissen«

einer Praxis der Sorge (= Angst *vor*, Angst *um* das eigene Sein-Können), »sondern in der staunenden Frage nach dem 'Was' eines einzelnen Seienden«. Deshalb konkludiert Neuhaus (4.): »daß die 'Metaphysik des Daseins' nicht mehr in der 'Hineingehaltenheit in das Nichts' und im 'Vorlaufen zum Tode' besteht, sondern im Vollzug der Abstraktion, wo der Mensch fragend einen 'Vorgriff' über das einzelne Seiende hinaus auf die Einheit aller Gegenständlichkeit vollzieht«. *Ebd.*, 69.

nennen, so Rahner in einem Bildvergleich, ist »nur eine kleine Insel in einem unendlichen Ozean des Undurchfahrenen [...], eine schwimmende Insel, die uns vertrauter sein mag als dieser Ozean«. (33)

Nach Rahner ist der Mensch »das auf Gott verwiesene Wesen«, dem das absolute Geheimnis »dauernd als Grund und Inhalt seines Wesens von diesem Geheimnis zugesagt ist« . (54)

1.4 Gnadentheologische Korrektur des transzendentalen Ansatzes

In Band XIV seiner *Schriften zur Theologie* hat Karl Rahner nachträglich eine Einführung in den *Grundkurs des Glaubens* vorgelegt.[7] Hier stellt Rahner klar, was unter dem transzendentalen Ansatz zu verstehen ist. Er habe gegen die Charakterisierung seiner Theologie als transzendentaler nichts einzuwenden, wenn sie nicht als Kennzeichnung seiner gesamten Theologie verstanden werde:

> »In meinem Verständnis bedeutet diese Kennzeichnung schlicht die Anerkennung der Einsicht, daß bei allen Sätzen des Glaubens und der Theologie immer auch, um sie wirklich verantworten zu können, gefragt werden muß, wie und warum der Mensch von seinem eigenen, allerdings konkreten und somit immer schon unter der Gnade der Selbstmitteilung Gottes unweigerlich stehenden Wesen her der sei, den diese Sätze wirklich angehen können und müssen.« (53 f.)

Hier wird die anthropologische Relevanz aller Glaubensaussagen reklamiert und zugleich betont, daß sich der faktische Mensch »immer schon« als das Wesen der Selbstmitteilung der absoluten Transzendenz verstehen müsse. Rahners Ausgang ist der konkrete Mensch der Selbstmitteilung, der gott-offene, weil gott-

7 *K. Rahner*, Schriften XIV, Einsiedeln usw. 1980, darin: Grundkurs des Glaubens, 48-62.

empfangende Mensch. Dieser konkrete Mensch ist für Rahner, wie er sagt, »Subjekt des Glaubens«.[8]

Der Gedanke der Selbstmitteilung Gottes steht im Zentrum von Rahners Gnadentheologie und bedeutet, daß Gott nicht nur als Schöpfer (in effizienter Kausalität) handelt, sondern daß er (in formaler Kausalität) in völliger Ungeschuldetheit »inneres Prinzip des Menschen wird«, so daß der Mensch als endliches Wesen wirklich »capax infiniti« ist. (54)[9] Die Selbstmitteilung Gottes ist dabei nicht nur eine intellektuelle Mitteilung, sondern »bedeutet wesentlich immer auch die apriorische Dynamik der Erkenntnis und der Freiheit des Menschen auf die Unmittelbarkeit Gottes selbst«. (54 f.)[10]

Transzendentalität ist für Rahner nicht etwas hin und wieder,

8 Es sei Sache der transzendentalen Reflexion, darüber nachzudenken, was die Bedingung der Möglichkeit ist, daß der Mensch in solch konkreter Weise »Subjekt des Glaubens« sei. Es müsse gezeigt werden: 1. daß das geistige Subjekt selbst mehr ist als Zeit und Raum; 2. daß es für dieses geistige Subjekt eine heilsbedeutsame Geschichte gebe; 3. daß der Mensch in seiner Transzendentalität nur dann wirklich geschichtlich handle, wenn er auf Gott als das absolute Sein und Geheimnis hin handle; 4. daß erst eine Geschichte des auf Gott hin offenstehenden Menschen, wenn sie in Freiheit vollzogen wird, eine heilsbedeutsame Geschichte sein könne. Dies alles aber, so betont der Text in seinem Fortgang - und insofern handelt es sich wirklich um eine Kurzfassung des Rahner'schen Ansatzes - sei nicht einfach vom Menschen her zu denken, sondern hänge mit dem für seine [Rahners] Theologie zentralen Gedanken der »Selbstmitteilung Gottes« zusammen.

9 »Das Wort 'Selbstmitteilung' will wirklich bedeuten, daß Gott in seiner eigensten Wirklichkeit sich zum innersten Konstitutivum des Menschen selber macht. Es handelt sich also um eine *seinshafte* Selbstmitteilung Gottes.« *K. Rahner,* Grundkurs des Glaubens, Freiburg i. Br. u. a., ^{2}1976, 122. Diese Selbstmitteilung geschieht an den Menschen »als geistig personales Wesen«. *Ebd.,* 122f. Bei der Entfaltung des Begriffes »Selbstmitteilung« legt Rahner großen Wert auf die Feststellung, »daß Gott sich als er selbst an das Nicht-Göttliche mitteilen kann, ohne aufzuhören, die unendliche Wirklichkeit und das absolute Geheimnis zu sein, und ohne daß der Mensch aufhört, das endliche, von Gott unterschiedene Seiende zu sein.« *Ebd.,* 125f. Diese gewissermaßen chalkedonische Ontologie des Ineinanders von Unendlich und Endlich hat für Rahners Theologie einen konstruktiv-systematischen Stellenwert. Er wirkt sich aus auf die trinitarische Grundthese und deren Konsequenzen für die Christologie, Gnadentheologie und Pneumatologie. Doch kann dies hier nicht im einzelnen entfaltet werden.

10 Deshalb gilt: »Die geistige Transzendentalität des Menschen als Erkenntnis und Freiheit ist der eigentliche und ursprüngliche Ort, an dem die Gnade der Selbstmitteilung Gottes empfangen wird. Diese Gnade ist ursprünglich eine transzendentale und nicht eine kategoriale Größe in der Existenz des Menschen.« *K. Rahner,* Schriften XIV, Einsiedeln u. a. 1980, darin: Grundkurs des Glaubens, 48-62, hier 55.

punktförmig Gegebenes, sondern »ein immer und überall gegebenes, bleibendes Existential des Menschen« (55), wenn auch »nur im Modus des Angebotes und der Vorgegebenheit für seine Freiheit« und beim faktischen Menschen - als übernatürliches Existential - entweder frei angenommen oder abgelehnt. Ein solcher Ansatz impliziert nach Rahner nicht nur den Gedanken des anonymen Christentums, sondern auch die Priorität einer universalen Pneumatologie im Verhältnis zur Christologie, »so daß Jesus Christus als der unüberbietbare Höhepunkt einer universalen Geschichte der Gnade als Selbstmitteilung Gottes an die Welt überhaupt erscheint«. Die gnadenhafte Selbstmitteilung Gottes steht nicht mehr nur als Angebot in der Geschichte, sondern im Modus der irreversiblen, siegreichen Durchsetzung. (56)[11] Als solche betrifft sie die ganze Geschichte und strukturiert darin auch die Existenz des Menschen.

2. Gotteserfahrung bei Emmanuel Levinas

2.1 Zwei biographisch bedingte Denkstile

Es mag sein, daß bei der Kürze der Darstellung das genuin Christliche der Rahnerschen Gottrede gar nicht deutlich werden kann. Wird es dann gelingen, das jüdische Denken Levinas' in aller Kürze zum Gesprächspartner Rahners werden zu lassen? Das Denken beider hat sich fast gleichzeitig und - soviel ich sehe - unabhängig voneinander entwickelt. Beide haben auf ihre Weise versucht, in Freiburg von Heidegger zu lernen und

11 P. Lönning hat Rahners theologischem Ansatz breiten Raum gewidmet. Auf das Referat folgt die Kritik. Lönning wirft Rahner einen Transzendentalimus vor, der zwar nicht christozentrisch geprägt sei, wohl aber gnadentheologisch. »Der vom Menschen nachgefragte Gott wird damit als bereits zur Verfügung stehender Gott vorausgesetzt.« Was auf den ersten Blick als Bezeugung der Priorität des Evangeliums der Gnade aussieht, erweist sich in Wirklichkeit als ein immunisierender Transzendentalismus, wenn nicht »die Inkongruenz zwischen dem von uns logisch und billig zu Erwartenden und dem unverdient Angebotenen im Ausgangspunkt klar ist«. Nach Lönning ist dieser Ausgangspunkt aber nicht klar. Vgl. *P. Lönning*, Der begreiflich Unergreifbare. »Sein Gottes« und modern-theologische Denkstrukturen, Göttingen 1986, 220-235, hier 231.

zugleich die Auseinandersetzung mit ihm voranzutreiben, Rahner eher von den zentralen Themen der Theologie her, Levinas eher prinzipiell vom philosophischen Denken aus. Rahner ist christlicher Theologe, Levinas jüdisch inspirierter Philosoph. Während Rahner seine Grundgedanken in *Geist und Welt* und in *Hörer des Wortes* niederschrieb, waren die Machenschaften der Nationalsozialisten schon im Gang, ohne daß sie in Rahners Denken eine merkliche Spur hinterließen. Rahner war ein einsam fragender und um Metaphysik bemühter Denker in den Studierstuben seines Ordens. Levinas gehörte fast zur gleichen Zeit schon zu den Verfolgten. Die am eigenen Leib verspürte Verfolgung und das Trauma der Schoah haben ohne Zweifel sein Denken immer mehr geprägt.

Alles Denken beginnt bei Levinas leibhaftig und rückt auf den Leib. Das Subjekt ist dem Fließen der Zeit noch radikaler ausgesetzt, als es Husserl (und Heidegger) zu denken vermochten; es altert. Es erfährt in seiner leibhaftigen Existenz eine abgrundtiefe Passivität, die es nicht erwählt hat, für die es sich nicht entscheiden kann.[12]

12 Neuerdings hat Elisabeth Weber die leibhaftige Dimension des Denkens bei Levinas durch Verfolgung und Trauma besonders herausgearbeitet. Vgl. *E. Weber*, Verfolgung und Trauma. Zu Emmanuel Lévinas' *Autrement qu'être ou au-delà de l'essence*, Wien 1990. Weber weist nach, daß sich die Spätphilosophie immer mehr als Philosophie nach Auschwitz erweist. »Lévinas' Denken bewegt sich zwischen zwei Polen, von denen der eine profan, der andere religiös genannt werden kann.« (202) Es geht um das radikal gedachte Subjektsein, das dem Anderen und Gott begegnen kann bis hinein in den Tod; es geht um die Verfolgung, die Gewalt schlechthin ist, durch die dem Subjekt auch noch die Würde des Sterbens genommen wird, und um den Einbruch der Transzendenz. - Ob hier freilich »religiös« und »profan« so getrennt werden kann, wie Weber es unterstellt, möchte ich bezweifeln.

2.2 Kritik des überkommenen Gottdenkens

Während Rahner im fragenden Subjekt die Transzendenz entdeckt, wird Levinas von der Frage beunruhigt, ob das Denken Transzendenz überhaupt zu denken vermag.[13] Angesichts dessen, wohin die abendländische Geschichte durch das Seinsdenken gebracht wurde, äußert Levinas einen grundlegenden Verdacht:

> »Sollte das Denken nur Denken dessen sein, das ihm gleichkommt und das sich auf sein Maß begibt - sollte es wesentlich Atheismus sein?«[14]

Mit dieser Frage versucht Levinas, alle bisherige Tradition (einschließlich der Heideggers) in Frage zu stellen, die »Gott« im Modus des Denkbaren, im Modus des Seins dachte. Ein Denken aber, das nur seinesgleichen denken könnte, ist wesentlich »Atheismus«, weil es eine radikale Andersheit überhaupt nicht zulassen kann. Gibt es dann überhaupt eine philosophisch zu verantwortende Rede von Gott? Levinas stellt sich dieser Frage wie kaum ein anderer Philosoph unseres Jahrhunderts.

Wenngleich auch bei K. Rahner das Wort »Gott« mit dem Schweigen der transzendentalen Erfahrung zusammenhängt, ist dieses Wort doch »das letzte Wort vor dem Verstummen«. Es mag Zufall sein, daß es bei Levinas an einer Stelle so etwas wie

13 Vgl. *E. Levinas*, Die Spur des Anderen, Freiburg/München 1983, darin: Der Untergang der Vorstellung, 120-39, wo Levinas in Auseinandersetzung mit E. Husserl fragt, ob sich das Gedachte, das im Denken erscheint, darin erschöpft, daß es sich manifestiert. Vgl. auch *E. Levinas*, Wenn Gott ins Denken einfällt, Freiburg/München 1985, darin: Bemerkungen über den Sinn, 195-228. Hier stellt Levinas unter anderem die radikale Frage, ob das Denken nur das denken kann, was ihm gleichkommt und was sich auf sein Maß begibt. Damit setzte ich oben schon an. Die Frage ist also, ob sich im menschlichen Bewußtsein selbst eine Differenz anzeigt, die die »Idee des Unendlichen« bedeutet und die nicht identisch ist mit der Reichweite oder den Inhalten unseres Bewußtseins und den in ihm erscheinenden Phänomenen. Zeigt sich also im Denken eine Bruchstelle an? Gibt es ein Bedeuten, das über die Ver-gegenwärtigung im Bewußtsein hinausgeht? Gibt es eine Andersheit, »die weder in den Korrelationen des Wissens noch in der Synchronie der Vergegenwärtigung erscheinen kann«, die aber als Anderheit noch »berührbar«, wenn auch nicht be-greifbar ist? Sammelt das Bewußtsein letztlich alle Andersheit ein und läßt sie nur noch unter derselben Allgemeinheit als Selbes erscheinen, dessen Präsenz gesichert ist? (Vgl. *ebd.*, 208)

14 *E. Levinas*, Wenn Gott ins Denken einfällt, Freiburg/München 1985, 207.

die Umkehrung von K. Rahners Aussage gibt. Sie findet sich in einem kurzen Beitrag, der nicht zuletzt für die christologische Fragestellung von großer Bedeutung wäre.[15] Levinas wiederholt zunächst seinen Vorwurf, die Philosophie habe sich als unfähig erwiesen, die Nähe und das Außergewöhnliche Gottes anders zu denken als durch logische Einordnung. (187 f.) Es gebe aber die Nähe Gottes nur kraft seiner Selbstzurücknahme. (188) Dann fragt Levinas, ob nicht erst eine Wahrheitsidee, die sich durch ihre Demut (*l'humilité*) offenbart, die einzige Möglichkeit sei, von der Transzendenz zu reden. (188)[16] In diesem Zusammenhang spricht er von der Stimme, die nach biblischer Ausdrucksweise aus dem sanften Schweigen kommt.[17] Wenig später präzisiert Levinas - in Auseinandersetzung mit Kierkegaards These vom Inkognito Gottes -, daß jede Offenbarung, die ihren Ursprung verrät, bereits dem Wesen der transzendenten Wahrheit entgegenstehe. Deshalb müsse die Stimme nach dem Schweigen vom Menschen selbst kommen. (189)[18]

Hier zeigt sich bereits ein Grundzug des Levinas'schen Denkens: Gott wird nicht gefunden, wenn man sich in einer Bewegung des Denkens oder der Ekstase aus dieser Welt hinausbewegt, sondern wenn das Subjekt in die leibhaftige Nähe des Anderen gerät. Sehr im Unterschied zu K. Rahners transzendenta-

15 Vgl. *E. Levinas*, in: Qui est Jésus-Christ? Recherches et débats 62, Paris 1968, darin: Un Dieu homme? 185-214. Jetzt auch in: *ders.;* Entre nous. Essais sur le penser-à-l'autre, Paris 1991, 69-76.

16 Levinas spricht in diesem Zusammenhang von einer »verfolgten Wahrheit« (vérité persécutée).

17 Der Ausdruck lautet: »comme la voix du fin silence«, vgl. *ebd.*, 188. Vgl. dazu auch die Übersetzung von *1 Kön 19,2* bei Buber und Rosenzweig: »ER im Feuer nicht -, aber nach dem Feuer eine Stimme verschwebenden Schweigens«, in: Bücher der Geschichte. Verdeutscht von Martin Buber in Gemeinschaft mit Franz Rosenzweig, Köln/Olten 1969.

18 »On peut se demander si le premier mot de la révélation ne doit pas venir de l'homme comme dans l'antique prière de la liturgie juive où le fidèle rend gràce non pas de ce qu'il reçoit mais de ce fait même de rendre gràce.« »Man kann sich fragen, ob das erste Wort der Offenbarung nicht vom Menschen selbst kommen muß - wie in dem alten Gebet der jüdischen Liturgie, in dem der Gläubige nicht für das, was er empfängt, Dank sagt, sondern eben für die Tatsache, daß er Dank sagt.« *Ebd.*, 189. Wenig später spricht Levinas von der Spur (*trace*), die sich durch »Rücknahme« eingeschrieben hat und die nichts anderes ist als »la proximité de Dieu dans le visage de mon prochain« - »Die Nähe Gottes im Antlitz meines Nächsten«, *ebd.*, 189.

lem Ansatz läßt sich Gott nicht finden, indem sich das Ich gewissermaßen auf seine eigene Transzendentalität besinnt. Vielmehr ist das Ich nach Levinas vom Unendlichen »gestellt«, aufgespürt und »provoziert«. So sehr sich Levinas, was die Idee des Unendlichen betrifft, von Descartes belehren läßt, so wenig will er mit Descartes' *Cogito, ergo sum* ansetzen. Heideggers allem Denken vorausliegende »Grundbefindlichkeit«, von der auch Rahner ausgeht, wird durch die Vertiefung von Husserls Phänomenologie des inneren Zeitbewußtseins bei Levinas so radikalisiert, daß das Subjekt - der Zeit nicht mächtig - nicht nur vor dem Abgrund des eigenen Todes steht, sondern auch schon vor dem Abgrund des eigenen Anfangs, den das Denken niemals einholen kann. Levinas entdeckt hinter dem aktiven Bewußtsein, in dem sich auch unser Denken abspielt, ein »passives Bewußtsein«, das er einmal kurz umschrieben hat »als die Zeit, die vergeht und mich älter macht ohne mein Zutun«[19]. Damit geschieht bei Levinas meines Erachtens eine Radikalisierung dessen, was Rahner »transzendentale Erfahrung« nannte.

2.3 Schöpfungstheoretische Grundlegung des Gottesgedankens und Subjektsein

Während Rahners Rede gewissermaßen aus dem Lärm der Welt ins Schweigen drängt, bricht nach Levinas das Unendliche aus dem Schweigen hervor.[20] Dies hängt nicht zuletzt mit der zen-

19 *E. Levinas*, Wenn Gott ins Denken einfällt, Freiburg/München 1985, darin: Vom Einen zum Anderen. Transzendenz und Zeit, 229-265, hier 244. Es ist ein »unmittelbares, nicht-intentionales Selbstbewußtsein«, das durchaus in die Nähe dessen gestellt werden könnte, was Rahner mit dem Ausdruck »transzendentale Erfahrung« umschreibt, sofern dieses nicht auf das Intentionale eingegrenzt würde.

20 In seinem ersten Hauptwerk (Totalität und Unendlichkeit, Freiburg/München 1987) kommt Levinas auf das Thema des Schweigens im Zusammenhang der Descartes'schen These, die Welt könnte sich einem »bösen Geist« verdanken. Eine absolut schweigende Welt, die nicht vom Wort her käme, wäre dann ohne Prinzip, ohne Anfang.
Das Schweigen besteht aber nicht einfach in der Abwesenheit des Wortes. Es gibt ein erschreckendes und ein heilendes Schweigen. »Das Schweigen ist die Kehrseite der Sprache: Der Gesprächspartner hat ein Zeichen gegeben, sich aber aller Deutung entzogen - und eben dies ist das Schweigen, das erschreckt. Das Wort des Anderen besteht darin, daß es dem gegebenen Zeichen zur Hilfe kommt, daß es seine eigene

tralen Stellung des Schöpfungsgedankens zusammen.[21] Für Levinas bedeutet Schöpfung nach einer zentralen Stelle seines ersten Hauptwerks[22], daß das Unendliche sich ereignet, »indem es in einer Kontraktion auf die Ausbreitung zu einer Totalität verzichet und damit dem getrennten Seienden einen Platz läßt«. Schöpfung als Akt der Kontraktion, der Selbstzurücknahme Gottes - hier greift Levinas einen Topos aus der jüdischen Mystik auf und verbindet damit folgende These:

> »Ein Unendliches, das sich nicht kreisförmig mit sich zusammenschließt, sondern sich aus dem ontologischen Raum zurückzieht, um einem getrennten Seienden einen Platz zu lassen, existiert göttlich.« (148)[23]

zeichenhafte Manifestation unterstützt, daß es durch diese Assistenz die Zweideutigkeit heilt.« *Ebd.*, 127.

21 Vgl. *Th. Wiemer*, Die Passion des Sagens. Zur Deutung der Sprache bei Emmanuel Levinas und ihrer Realisierung im philosophischen Diskurs, Freiburg/München 1988, 79-91, hier 81. Rahner verneint gewiß nicht die Schöpfung, auch nicht die Geschöpflichkeit des Menschen. Sie ist eine transzendentale Voraussetzung der Selbstmitteilung Gottes. Schöpfung kann deshalb in Kategorien der Kausalität umschrieben werden. Selbstmitteilung Gottes gerät hingegen vor das Problem, daß ein zunächst minderes Seiendes nachträglich auf die Stufe einer umfassenderen Seinstotalität gehoben wird, wie es Rahner mit dem Terminus der formalen Kausalität zu bewältigen sucht. Rahner umschreibt die »formale Ursächlichkeit« - im Unterschied zur »effizienten Ursächlichkeit«, wo das Bewirkte immer vom Wirkenden verschieden ist - so: »Ein bestimmtes Seiendes, ein Seinsprinzip ist ein konstitutives Moment an einem anderen Subjekt, indem es sich selber diesem Subjekt mitteilt und nicht nur etwas von sich Verschiedenes bewirkt, das dann inneres konstitutives Prinzip an dem ist, das diese Wirkursächlichkeit erfährt.« *K. Rahner*, Grundkurs des Glaubens, Freiburg i. Br. u. a. ^{2}1976, 127. Es bedeutet, daß Gott selbst die Gabe ist, die dem Menschen zukommt. Gnade ist »ungeschaffene Gnade«.

22 Vgl. *E. Levinas*, Totalität und Unendlichkeit, Freiburg/München 1987, 148.

23 Zum jüdischen Hintergrund vgl. *G. Scholem*, Die jüdische Mystik in ihren Hauptströmungen, Frankfurt 1980, 288 f. Zum mystischen Theorem des *Zimzum* gehört bei Luria auch die göttliche Strenge und das Gericht (*Din*), wenngleich zunächst Liebe und Gnade in der Essenz des göttlichen Wesens vorherrschten und die Kräfte des *Din* in Gott als solche noch erkennbar waren. Sie waren in Liebe aufgelöst wie ein Körnchen Salz im Ozean. Der *Zimzum* wird wie ein Akt des Ein- und Ausatmens verstanden. Deshalb gilt: »In einem tiefen Sinn liegt also die Wurzel alles Bösen in der Welt, das in der Kategorie der richtenden Gewalt (Din) gründet, gesetzmäßig schon im Akt des Zimzum selbst verborgen.« *Ebd.*, 289. Soweit ich sehe, bringt Levinas die »Rache des Bösen« mit dem messianischen Triumph in Verbindung, jedoch nicht mit dem Gedanken der göttlichen Selbstbegrenzung. Vgl. *E. Levinas*, Totalität und Unendlichkeit, Freiburg/München 1987, 416, mit der oben zitierten Stelle aus Seite 148. Wenn es dort heißt, der Mensch kaufe die Schöpfung zurück, so scheint

Dies führt Levinas zu einer Neuinterpretation des klassischen Schöpfungstheorems von der *creatio ex nihilo*. Es besagt eine Trennung des Endlichen vom Unendlichen, die aber mit dem Unendlichen vereinbar ist. (147) Es gibt eine Transzendenz jenseits der Totalität. Jenseits des Seins ist das Gute als »ein Luxus« (146). Das Unendliche, das auf göttliche Weise existiert, »stiftet oberhalb der Totalität eine Gemeinschaft« (148).

> »Das Paradox eines Unendlichen, das außerhalb von sich ein Seiendes zuläßt, das es nicht in sich absorbiert - eines Unendlichen, das dank dieser Nachbarschaft zu einem getrennten Seienden gerade seine Unendlichkeit vollzieht - mit einem Wort, das Paradox der Schöpfung, verliert unter dieser Voraussetzung an Kühnheit.« (146 f.)

Die Schöpfung setzt ein Seiendes außerhalb des Systems. So spricht Levinas im Zusammenhang mit seinem Schöpfungsverständnis von der »Möglichkeit einer Sabbat-Existenz, in der die Existenz die Notwendigkeiten der Existenz suspendiert«. (148 f.) Es bedeutet, daß der Mensch nicht in der Welt der Bedürfnisse aufgeht, sondern durch das *»Begehren«* nach dem Guten begehrt, dessen Hunger nicht gestillt wird. Daraus folgt für Levinas ganz fundamental, daß das denkende Bei-sich-sein nicht der erste Akt unserer Existenz ist. Ehe ich denke, bin ich geschaffen. Dies aber heißt für Levinas: »In der Konstellation der Schöpfung ist das Ich für sich, ohne causa sui zu sein.«[24]

Dies hat einschneidende Konsequenzen für das Verständnis des Subjektseins. In seinem bedeutenden Aufsatz »Gott und die Philosophie«[25] spricht Levinas von einer »Passivität«,

damit zugleich jene Dramatik von Seite 416 angedeutet, wonach letztlich nicht einmal die Rückkehr des Bösen in der unendlichen Zeit ausgeschlossen ist - es sei denn durch eine neue Struktur der Zeit, die im Erwachen des messianischen Bewußtseins begründet ist. Erst eine umfassende Versöhnung kann den Bruch heilen und so »auf das ganze Geheimnis der Zeit« verweisen. Das psychologische Bewußtsein von einer glücklichen Schuld bringt dies zum Ausdruck.

24 *Ebd.*, 425.

25 *E. Levinas*, Gott und die Philosophie, in: Gott nennen. Phänomenologische Zugänge, hg. von *B. Casper*. Mit Beiträgen von E. Levinas u. a., Freiburg/München 1981, 81-123.

> »die passiver ist als jede mit einem Bewußtsein vereinbare Passivität: Überraschung oder Empfangen dessen, was man nicht übernehmen kann, offener als jede Eröffnung - Erwachen - , das aber an die Passivität des Geschöpflichen denken läßt [...] Es ist folglich eine Idee, die mit einer Bedeutsamkeit bedeutet, welche der Gegenwart, jedem Ursprung im Bewußtsein vorausgeht und somit an-archisch zugänglich ist in ihrer Spur [...] die älter ist als das Denken, das erinnert werden kann, das durch die Vergegenwärtigung (Repräsentation) in deren Gegenwart zurückgehalten wird.« (98 f.)

Die »Diachronie«, die sich erschließt, betrifft die Zeit, die einerseits älter ist als alle erinnerbare Vergangenheit, stärker auch als alle Ver-Gegenwärtigung, stärker als alle Antizipation, die die Diachronie zu syn-chronisieren versucht. Die Entdeckung des Bruchs des Bewußtseins hängt mit der Idee des Unendlichen zusammen, die nicht von uns übernommen ist, wie Levinas Descartes weiterführend interpretiert. Sie ist nur »an-archisch« zugänglich in ihrer Spur, die immer schon älter ist als ihre Manifestation, die somit mit der »Koinzidenz von Sein und Erscheinen« bricht. Sie ist das in uns gelegte Trauma des Erwachens des Bewußtseins. Die Idee des Unendlichen, so führt Levinas Descartes weiter, ist »die Subjektivität des Subjekts hinter der Intentionalität«, »das Geheimnis der Subjektivität«. (100) Es ist nicht das Denken, das das Unendliche *erfährt* oder aufnimmt. Vielmehr weckt das Unendliche erst das Denken. Die Idee des Unendlichen ist deshalb die *Infragestellung aller Erfahrung*, allen Aufnehmens und Thematisierens. (101) Zugleich entfacht das Unendliche im Subjekt eine unstillbare Sehnsucht, »die sich von ihrer Befriedigung immer weiter entfernt - in dem Maße steigert, in dem sie sich dem Ersehnenswerten nähert«. (103)

Ist aber das Begehren (*désir*) nicht doch eine bloße Intention des Subjektes, das nach Bedürfnisbefriedigung Ausschau hält? Könnte nicht auch das Verlangen nach dem Guten innerhalb des Horizonts des Denkens verbleiben und so a-theistisch sein?

2.4 Die Unberührbarkeit des Ersehnenswerten und die Nähe des Nächsten

In dem bereits zitierten Aufsatz »Gott und die Philosophie« führt Levinas aus, es gebe - schon nach Platon - eine Liebe ohne Konkupiszenz, die nicht in der Immanenz untergeht. Vom Ersehnenswerten dieser Liebe gilt, es sei »nahe, aber unterschieden - heilig«. (105) Man meint hier vielleicht, Rahners »heiliges Geheimnis« mithören zu können. Aber aus dem weiteren Gedankengang zeigt sich, daß Levinas eine andere Option verfolgt als Rahner. Kommt das Ich in seinem *»désir«* wirklich über sich hinaus? Levinas antwortet auf diese Frage, dies sei nur möglich, wenn das Ich »auf das Nicht-Ersehnenswerte schlechthin« ausgerichtet werde. Was ist darunter aber zu verstehen? Die Antwort lautet ganz kurz, es sei »der Andere«[26]. In anderem Zusammenhang[27] führt Levinas aus, die Anderheit sei »Nähe, von Angesicht zu Angesicht und Gemeinschaft«. (208) Der Andere, das ist das »Antlitz«. (Vgl. 208 f.) Nach Levinas beherrscht das Antlitz ein Denken, »das älter und wacher ist als das Wissen oder die Erfahrung«. (209) Der Andere steht nicht einfach als der Denkbare vor mir, er überschreitet mein Denken, er überschreitet auch noch die Idee des Anderen in mir.[28] Das Antlitz ist keine Thematisierung des Anderen, keine Ver-Gegenwärtigung, nicht einmal ein bilderloses Symbol, auch nicht das Charakteristische am Anderen, nicht das, was er von sich kundtut, nicht das, was ich »appräsent« habe. Nein, das Antlitz ist »äußerste Ausgesetztheit«, »die Wehrlosigkeit selbst«. (211) Antlitz, das ist die latente Entstehung der kürzesten Distanz zwischen zwei Punkten: »Geradlinigkeit des dem unsichtbaren Tod Ausgesetztseins«. (212) »Du wirst nicht töten«, das ist der Anspruch des Anderen. Nicht die Priorität meines »Seins-zum-Tode«, sondern die irreduzierbare Bedeutung der Sozialität begründet meine Nicht-Indif-

26 Vgl. *Ebd.* 105 f.

27 *E. Levinas,* Wenn Gott ins Denken einfällt, Freiburg/München 1985, darin: Bemerkungen über den Sinn, 208-214.

28 In Totalität und Unendlichkeit, 63, findet sich die kurze definitionsmäßige Umschreibung: »Die Weise des Anderen, sich darzustellen, indem er die *Idee des Anderen in mir* überschreitet, nennen wir nun Antlitz.«

ferenz gegenüber dem Anderen. (213 f.) Dies ist nach Levinas die ganze »Schwere der Nächstenliebe«.[29]

Das Ich ist deshalb auf seiner Suche nach Gott nicht hinausgerufen in die schweigende Ekstase, sondern zurückgerufen in die Nüchternheit der Nähe des Antlitzes. Die folgenden Sätze in »Gott und die Philosophie« erweisen sich als Schlüsselsätze des Levinas'schen Denkens:

> »Und diese Weise des Unendlichen oder Gottes, uns aus der Tiefe seines Ersehnt-seins in die nicht ersehnenswerte Nähe des Andern zu verweisen, haben wir mit dem Terminus 'Illeität' bezeichnet; eine außerordentliche Umkehrung des Charakters des Ersehnenswerten als des Ersehnenswerten - des Charakters des zuhöchst Ersehnenswerten, welches die gradlinige Aufrichtigkeit der Sehnsucht zu sich ruft. Die Güte des Guten - des Guten, das weder schläft noch schlummert [vgl. Ps 121,4] - biegt die von ihr gerufene Bewegung ab, um sie vom Guten wegzudrängen und auf den Andern und so einzig auf das Gute hin auszurichten [...] Das Ersehnenswerte ist unberührbar. Es trennt sich von der Beziehung der Sehnsucht, welche die Sehnsucht ruft, und bleibt durch diese Trennung oder Heiligkeit dritte Person: *Er* auf dem Grund des Du. Er ist gut in einem hervorragenden und sehr präzisen Sinn, nämlich: Er erfüllt mich nicht mit Gütern, sondern zwingt mich zur Güte, die besser ist als alle Güter, die wir erhalten können.« (106 f.)[30]

Levinas bemerkt an dieser Stelle, im Bereich der Ontologie be-

29 Hier wird das Geheimnis des Todes erahnt. »Die Verantwortung für den anderen Menschen, die Unmöglichkeit, ihn allein dem Geheimnis des Todes zu überlassen - das ist konkret - und durch alle Modalitäten des *Gebens* hindurch - das Empfangen der äußersten Gabe: für den Anderen zu sterben.« *E. Levinas,* Wenn Gott ins Denken einfällt, Freiburg/München 1985, darin: Bemerkungen über den Sinn, 208-214, hier 214.

30 Die Übersetzung wurde an einigen Stellen nach dem französischen Original präzisiert.

deute Gutsein ein Defizit, ja eine Dummheit. Jenseits des Seins aber bedeutet es »die Möglichkeit des Jenseits selbst«. (107)

Niemals hat Levinas der Versuchung nachgegeben, die Unendlichkeit des Göttlichen mit dem Du zu identifizieren. In dem jüngst in deutscher Sprache veröffentlichten Aufsatz »Die Bedeutung und der Sinn« schreibt Levinas bereits 1964: »Die höchste Anwesenheit des Antlitzes ist untrennbar von dieser höchsten und unumkehrbaren Abwesenheit, welche die eigentliche Überlegenheit der Heimsuchung begründet.«[31] Das Antlitz kommt aus einem Jenseits, das in der dritten Person steht. Levinas hat dafür den Ausdruck der »Illeität« geprägt.

Gott ist somit nicht einfach der Andere, auch nicht der erste oder absolut Andere, »sondern ein Anderer als der Andere, in anderer Weise ein Anderer, ein Anderer, dessen Andersheit der Andersheit des Anderen, der ethischen Nötigung zum Nächsten hin, vorausliegt und der sich von jedem Nächsten unterscheidet«.[32]

Solche Transzendenz wehrt sich gegen alle Einordnung, entsagt jeder Wahrheit, die zur Systematisierung drängt, ist alles andere als rätsellose Wahrheit. (Vgl. 108) Das Subjekt ist durch das Unendliche zur Nähe des Anderen geweckt. Dadurch ist das Ich in seiner Sehnsucht auf den Nächsten verwiesen, für ihn verantwortlich, wird zum akkusativischen »mich«. In dieser Verantwortlichkeit kann keiner an meine Stelle treten, da bin ich absolut einzig in Pflicht genommen. (Vgl. 111) Der Nächste, das ist der Nicht-ersehnte, der Zufluchts-lose, der Schrei, der schon zu Gott hin geschrien ist - »lautlos und ohne sich als Thema zu artikulieren«. (112) Diesen Schrei als das »Geläut der Stille«, wie Levinas, auf Heidegger anspielend, sagt, wahrzunehmen und zu verstehen, ist meine Verantwortung. Dies bedeutet zugleich, wach zu werden. Dies bedeutet, die Stimme zu hören, die mir im Nächsten auf den Leib rückt.

31 *E. Levinas*, Humanismus des anderen Menschen. Übersetzt und eingeleitet von L. Wenzler. Mit Anmerkungen von Th. de Boer, A. Peperzak und L. Wenzler, Hamburg 1989, darin: Die Bedeutung und der Sinn, 9-59, hier 54.

32 *E. Levinas*, Gott und die Philosophie, in: Gott nennen. Phänomenologische Zugänge, hg. von *B. Casper*. Mit Beiträgen von E. Levinas u. a., Freiburg/München 1981, 81-123, hier 108.

Das Sich-Verzehren für den Anderen ist nie passiv genug. Aber dieses Ich, das nicht aufhört, leer von sich zu werden, ist zugleich ein »Wachstum, unendlich in seinem Sich-Ausschöpfen«. (114) Für Levinas ist deshalb das Subjekt nicht nur ein Bewußtwerden einer Verausgabung, »sondern der Ort und das Ereignis dieser Verausgabung und, wenn man so sagen kann, der Güte. *Herrlichkeit einer langen Sehnsucht!*« (114 f.) Herrlichkeit, das ist »der wachsende Überschuß des Unendlichen«. (115)[33]

Einmal führt Levinas aus, das Zum-Anderen sei ein Zu-Gott, ein à-Dieu, ein Ab-schied.[34] Man könnte noch einmal an den Schöpfungsgedanken erinnern. Das Subjekt nimmt sich - wie der Schöpfer - zurück, vollzieht eine Kontraktion, um dem Anderen über alles Maß hinaus Raum zu geben, ihn gastfreundlich zu empfangen.[35] Aus dem Subjekt wird eine »Subjektion«,[36] aus dem Nominativ ein Akkusativ. Denn im Antlitz des Anderen kommt auf mich das Gebot eines Gottes, »eines unsichtbaren, nicht thematisierbaren Gottes, der in diesem Antlitz sich ausdrückt und den meine Verantwortung für den Andern bezeugt, ohne sich auf eine vorgängige Wahrnehmung zu beziehen. Unsichtbarer Gott, den keine Beziehung einzuholen vermag, weil er nicht Glied irgendeiner Beziehung, nicht einmal der der Intentionalität ist, weil er gerade nicht Beziehungsglied ist, sondern Un-

33 Levinas schließt seine eindrucksvollen Überlegungen in »Gott und die Philosophie« mit einer Verhältnisbestimmung von »Sagen« (*dire*) und »Gesagtem« (*dit*), die für seine gesamte Philosophie eine bedeutsame Rolle spielt. Man könnte sagen, in diesem Verhältnis gehe es bei Levinas um ein ursprüngliches Widerfahrnis der Nähe des Unendlichen *in* der Nähe des Nächsten und dessen nachträgliche Versprachlichung, wobei das »dit« immer den Doppelcharakter des Verrats und des Übersetzens hat. Hier trifft sich Levinas ohne Zweifel mit einem Grundanliegen der Rahnerschen Sprachtheologie bezüglich der Gottrede, auch wenn sich die Begründung und Durchführung in beiden Denkstilen wieder sehr unterscheidet.

34 Vgl. *E. Levinas,* Wenn Gott ins Denken einfällt, Freiburg/München 1985, darin: Bemerkungen über den Sinn, 195-228, hier 217-220.

35 Man könnte deshalb sagen, die These von der Priorität der Ethik als erster Philosophie hänge zentral mit der Schöpfungsthematik zusammen.

36 *M. M. Olivetti*, Philosophische Fragen an das Werk von Emmanuel Levinas, in: *H. H. Henrix* (Hg.), Verantwortung für den Anderen und die Frage nach Gott, Aachen 1984, 42-70, hier 43 f. »Bei Levinas gestaltet sich die Subjektivität [...] als 'Subjektion'(sujétion)«. *Ebd.*, 43.

endlicher [...] *Zu-Gott*, von dem die diachrone Zeit die einzige Chiffre ist, zugleich Ergebenheit und Transzendenz.«[37]

Levinas betont zwar, daß diese Überlegung nicht als ein Beweis für die Existenz Gottes aufgefaßt werden dürfe. Denn der Beweis würde Gott ja gerade wieder in die Welt einpassen und seine Unendlichkeit verendlichen. Daß die Idee des Unendlichen mich gerade aber im Antlitz des Anderen »angeht«, beschreibt immerhin den Umstand, »unter dem der eigentliche Sinn des Wortes Gott ins Denken einfällt, und zwar unwiderstehlicher als eine Gegenwart; Umstand, unter dem dieses Wort weder Sein noch Beharren im Sein bedeutet noch irgendeine Hinterwelt«, ohne daß alles in negative Theologie umschlagen müßte. (222) Der Aufsatz über den Sinn endet mit der These, daß die erste Frage der Philosophie nicht laute, warum eigentlich etwas und nicht nichts sei, sondern ob ich das Recht habe zu sein. (228)

Ich schließe mit einer biblischen Referenz auf *Exodus 33*, die für das Denken von E. Levinas offensichtlich zentral ist. Er schreibt:

> »Der Gott, der vorbeigegangen ist, ist nicht das Urbild, von dem das Antlitz das Abbild wäre. Nach dem Bilde Gottes sein heißt nicht, Ikone Gottes sein, sondern sich in seiner Spur befinden. Der geoffenbarte Gott unserer jüdisch-christlichen Spiritualität bewahrt die ganze Unendlichkeit seiner Abwesenheit, die in der personalen Ordnung selbst ist. Er zeigt sich nur in seiner Spur, wie in Kapitel 33 des Exodus. Zu ihm hingehen heißt nicht, dieser Spur, die kein Zeichen ist, folgen, sondern auf die Andern zugehen, die sich in der Spur halten.«[38]

37 *E. Levinas,* Wenn Gott ins Denken einfällt, Freiburg/München 1985, darin: Bemerkungen über den Sinn, 195-228, hier 219 f.

38 Vgl. Ex 33, 18-23. Zitiert in: *E. Levinas,* Die Spur des Anderen, Freiburg/München 1983, 235.

3. Zusammenfassender Vergleich der beiden Ansätze

Aus dem bisher Dargestellten könnte ich folgern, daß Rahners Ansatz bei der transzendentalen Erfahrung Gott - als das letzte Wort vor dem Verstummen - prinzipiell ohne den Anderen denken kann. Bei Levinas ist dies ebenso prinzipiell ausgeschlossen. Weiter ließe sich sagen, für die hohe Bedeutung des Schöpfungstheorems bei Levinas im Blick auf die Entdeckung des passiven Bewußtseins und die Priorität des Anderen gegenüber dem Ich gebe es in Rahners transzendentalem Ansatz keine Entsprechung. Ein verändertes Verständnis der Rahnerschen Position ergibt sich erst dann, wenn man sein Grundtheorem der Gnadentheologie von der Selbstmitteilung Gottes und dessen Konsequenzen für die Christologie, Pneumatologie und Anthropologie mitbedenkt. Es scheint sogar, daß Rahner seit seinem Aufsatz »Über die Einheit von Nächsten- und Gottesliebe« eine gewisse Gegenbewegung seines eigenen Denkens zuließ.[39] Die Christologie war für Rahner immer eine Frage der Vermittlung von Anthropologie und Theologie.[40] Vielleicht ist es kein Zufall, daß er in seiner Freiburger Rede besonders betont, das Zentrum der Jesusfrömmigkeit und der Christologie stelle der Gedanke der Selbstmitteilung Gottes dar.[41] Dieser aber sprengt nach meiner

39 Vgl. *K. Rahner,* Schriften VI, Einsiedeln u. a. 1965, 277-298; *G. Neuhaus*, Transzendentale Erfahrung als Geschichtsverlust? Düsseldorf 1982, 92-121, besonders S. 95. Systemwirksam wird Rahners Bestimmung des Verhältnisses von Gottes- und Nächstenliebe, soweit ich sehe, nicht im Ansatz der transzendentalen Gottrede. Wohl aber könnte man - mit Neuhaus - annehmen, daß die Nächstenliebe zu einer Art anonymer Christologie wurde; vgl. *ebd.,* 101.

40 Die christologische Fragestellung mußte ich leider ausklammern. Ein Vergleich zwischen Rahner und Levinas würde sich auch hier nahelegen, wenngleich von Levinas explizit nur der oben zitierte kurze Beitrag vorliegt. Es würde sich aber bei einem näheren Vergleich vermutlich ergeben, daß Rahners trinitarisch-christologischer Entwurf von den schöpfungstheoretischen Überlegungen bei Levinas sehr viel lernen könnte.

41 »Die eigentliche und einzige Mitte des Christentums und seiner Botschaft ist darum für mich die wirkliche Selbstmitteilung Gottes in seiner eigensten Wirklichkeit und Herrlichkeit an die Kreatur, ist das Bekenntnis zu der unwahrscheinlichsten Wahrheit, daß Gott selbst mit seiner unendlichen Wirklichkeit und Herrlichkeit, Heiligkeit, Freiheit und Liebe wirklich ohne Abstrich bei uns selbst in der Kreatürlichkeit unserer Existenz ankommen kann und alles andere, was das Christentum anbietet oder von uns fordert, demgegenüber nur Vorläufigkeit oder sekundäre Konsequenz

Meinung Rahners transzendentalen Ansatz. In seiner Gnadentheologie könnte Rahner mit Levinas ins Gespräch eintreten, zumal Rahner am Gedanken der Kenose Gottes im Akt der Menschwerdung festgehalten hat.

Gott - das letzte Wort vor dem Verstummen? Nach Levinas ist es doch eher das erste Wort aus dem Schweigen, das mir den konkreten Nächsten überantwortet, ohne daß die Hoheit der Transzendenz im Nächsten aufgeht. Ich bin davon überzeugt, daß Rahner mit den »Denkkategorien« von E. Levinas für seine Gnadentheologie bessere Ausdrucksmöglichkeiten gefunden hätte als mit denen, die ihm von der Scholastik und dem Idealismus her zur Verfügung standen. Unter Ausklammerung vieler Einzelprobleme[42] vertrete ich für die Rahnerinterpretation die (heuristische) These, daß Rahners transzendentaler Ansatz, stünde er für sich allein, von E. Levinas her einer radikalen Kritik unterzogen werden müßte. Er würde von Levinas mit Sicherheit jener abendländischen Metaphysik zugezählt, die die Gottesfrage in das Seinsdenken integriert und dadurch ipso facto das Unendliche in die Endlichkeit depotenziert. Aber gerade vom Gedanken der Selbstmitteilung Gottes her versucht Rahner, von der Idolisierung eines transzendentalen, abstrakt-anthropologischen Entwurfs abzukommen.[43] Es ist zu fragen, wie weit die

ist.« *K. Rahner,* Erfahrungen eines katholischen Theologen, in: *K. Lehmann* (Hg.), Vor dem Geheimnis Gottes den Menschen verstehen, München/Zürich 1984 (Schriftenreihe der Katholischen Akademie der Erzdiözese Freiburg), 105-119, 109 f.

42 Zu nennen wären etwa: das Verhältnis von Gottes- und Nächstenliebe, das Verhältnis von Christologie und Anthropologie, die trinitarische Grundthese. Neuhaus, der Rahner soweit wie möglich gerecht werden möchte, äußert sich dennoch kritisch zu Rahners Verhältnisbestimmung von Gottes- und Nächstenliebe, vgl. *G. Neuhaus,* Transzendentale Erfahrung als Geschichtsverlust? Düsseldorf 1982, 98-100.
Kann sich ein Subjekt, dem es primär um die eigene Freiheit geht, vom Leiden des Anderen überhaupt tangieren lassen? Wird durch den einen Horizont der göttlichen Liebe, in dem das Ich und der Andere in gleicher Weise zu stehen kommen, nicht doch die Freiheit des Einen durch die des Anderen begrenzt? Vgl. *ebd.,* 116, 137 und 179.

43 Nach Neuhaus muß Rahner seinen Ansatz schon da durchbrechen, wo er zugibt, daß die transzendentale Reflexion nicht hinreichend begründen kann, warum ich von der Liebe Gottes getragen bin. Zumindest an dieser Stelle zeigt sich, daß die Vermittlung der Liebe in Jesus Christus die Bedingung der Möglichkeit meiner Liebe ist. Dies aber müßte dem Anderen von vorneherein einen ganz anderen Stellenwert geben und dürfte das Phänomen Liebe nicht in ein Freiheitskonzept einbauen, so daß Liebe zu-

Gnadentheologie (als das Schloß) den Maßstab hergibt für die Erkenntnismetaphysik (als den Schlüssel). Wäre es umgekehrt, könnte Rahner vor der Kritik von E. Levinas mit Sicherheit nicht bestehen. Ob Rahners Rede von der Selbstmitteilung Gottes mit Levinas'schen Denkmöglichkeiten die Aporien der transzendental-ontologischen Denkweise überwinden könnte, wäre wiederum eine eigene Frage.[44]

letzt doch am Erkenntnisakt und dessen Möglichkeitsbedingungen festgemacht wird. Vgl. *ebd.*, 101.

44 Erst nach Abschluß meines Vortragsmanuskripts habe ich die jüngste Studie von *Klaus P. Fischer* mit dem Titel »Gott als Geheimnis des Menschen. Karl Rahners theologische Anthropologie«, in: Zeitschrift für Katholische Theologie 113, 1991, 1-23, zur Kenntnis genommen. Sowohl bezüglich des Respekts vor Rahners Werk als auch in bezug auf die Notwendigkeit der Auseinandersetzung mit diesem Werk würde ich Fischers Beitrag, wenn ich recht verstehe, als Bekräftigung meiner These ansehen (vgl. die Anfrage Seite 21, »ob jene 'Transzendenzerfahrungen', statt Gotteserfahrung nicht doch nur menschliche Selbsterfahrungen bieten«). Insofern ist auch interessant, wie *Max Müller* im Anschluß an meinen Vortrag eine Anfrage von *Bernhard Casper*, die sich auf Rahners Studium bei Heidegger in Freiburg bezog, beantwortete, daß nämlich Rahner (wie J. B. Lotz) *philosophisch* gesehen im Prinzip über Heideggers *Sein und Zeit* nicht hinauskam, obgleich Heidegger selbst zu Beginn der 30er Jahre bereits einen Schritt weiter in Richtung »Kehre« getan hatte.

Paul Konrad Kurz

»Gott unterwegs« oder: Der Gott, der sich selbst erzählt[1]

1. Die Krise unseres Bewußtseins

Die Götter waren, der *eine* Gott ist, soweit wir die Religionsgeschichte kennen, *Erreger*. In Babylon, in Byblos, in Athen und Ephesus, auf Kreta, am Nil erregten sie Menschen zu ihrer Verehrung. Hinhörend, aufschauend, opfernd tätig, erfuhren die Verehrenden Bewußtsein, Stärke, gesteigertes Leben. In der jüdischen Überlieferung hat Jahwe Moses erregt, nach ihm die Propheten, auf daß sie von IHM, dem Unaussprechlichen, sprächen, seine Gegenwart bezeugten, seine Macht bekundeten, die Zukunft offen, die messianische Hoffnung wach hielten. Vom brennenden Strauch in der Steinwüste bis zum Todesschrei Jesu auf der Schädelstätte hat Jahwe Menschen erregt. In den alten Zeiten konnten die Menschen sich selbst nicht denken, ohne Gott vor-, mit-, nachzudenken. Bildliche Projektionen und Analogien haben eine große Rolle gespielt. In der pelzigen Frühe war Gott ein Jäger, unter dem Himmel der Hirten ein Hirt, Fischern und Meeresfahrern ein Gott des Wassers. Wo ein König regierte, stellte man sich Gott als König vor. Aber nicht nur als Überperson wurde er gedacht. Er war lokal und zeitlich gegenwärtig, naturhaft und kulturell. Auf heiligen Bergen, an heiligen Ufern, heiligen Quellen, in heiligen Hainen, kulturell durch Heiligtümer in jeder Stadt. Kein Heiliges museal, jedes Ausdruck und Form lebendiger Kommunikation.

Die Frage: *Wo* ist (der) Gott (die Göttin)? *Wohin* ist Gott? hat sich offenbar schon früh gestellt; bildhaft exemplarisch dem Erzähler und Verfasser der Geschichte Hjobs, in einem liberaleren

1 Anmerkung des Herausgebers: Der bei der Freiburger Akademietagung vorgetragene Text wird in eine größere Abhandlung des Autors eingehen, die 1993 unter dem Titel »Erreger Gott« erscheinen wird.

und gedanklicheren Kontext dem lebenserfahrenen Wortführer Kohelet. Tötet ein Unmaß von Schmerz und Verlust die Vorstellung vom lebensspendenden Gott? Hjobs Frage. Treibt die Bitterkeit der Lebenserfahrung jede Gottessüße aus? Verzehrt um sich greifende Resignation nicht nur die Öffnung nach vorn (das Prinzip Hoffnung), sondern auch den Glauben an Gott, der den Menschen befähigt und nötigt, mit Bewußtsein und also denkend, nachdenkend, vordenkend, fragend zu leben? Kohelets Problem.

Wo ist Gott in unserer Welt aus Produktion und Konsum, aus privater Glücksuche und öffentliche Anklage? Wie sieht ER aus, wenn uns die mythischen Bilder seiner Offenbarung, die schönen Epiphanien und Theophanien genommen sind? Warum Ihn suchen, wenn Religion uns die Welt nicht mehr richtig erklärt? Warum Ihn bitten, wenn Er uns nicht wirklich hilft? - Siehe die Unschuldigen im Überschwemmungsdelta von Bangladesh. Jahr für Jahr Zehntausende, Hunderttausende Tote. In anderen Regionen die Erdbeben, die überwiegend die Armen treffen. Sorgt Er für sie? Könnten die Millionen Menschen, die dort wohnen, irgendwohin ausziehen - wie die Israeliten einst ausgezogen sind, um ihr »gelobtes« Land zu suchen und zu gründen?

Ist Gott heute bei uns durchgefallen? Durch das Netz der Aufklärung, durch die Netze der Verwaltung, durch die Vernetzung unseres Bewußtseins? Ist Er durchgefallen bei denen, die die Welt besorgen (müssen)? Bei den Politikern, Managern, Ingenieuren, den angestrengt und sogar hektisch Werktätigen? - Früher konnten die Menschen nicht ohne »Ihn« zur Tagesordnung übergehen. Heute können wir das immer besser. Werktage, Produktion und Konsum, ohne Ihn? Der »Sonntag« für Ihn? Aber wenn der längst im freizeitlichen Wochenende aufgegangen ist?

2. Das inkarnatorische Prinzip extensiv und intensiv

Gottfried Benn hat einmal Gott als »schlechtes Stilprinzip« deklariert. Man könne mit ihm keinen Roman, kaum eine Erzählung schreiben. Der Tragiker aus der Schule Nietzsches hat dabei nicht an die Phantasie eines mediterranen Romanciers gedacht.

Durchtränkt von deutsch-protestantischem Ernst konnte der Pastorensohn sich einen spielerischen, ironisch verfremdenden Umgang mit der Gestalt Gottes nicht vorstellen.

Der Italiener Franco Ferrucci, geboren 1936 in Pisa, Romancier und Essayist, unterrichtet seit vielen Jahren an einer New Yorker Universität. Mit seinem Roman *Die Schöpfung. Das Leben Gottes von ihm selbst erzählt* legt er einen nicht detektivistisch, sondern chronologisch aufgebauten, gleichfalls sehr bildungsbewußten Roman vor. Er kennt die Bibel, griechische Philosophie, die abendländische Theologie, Buddha und Hölderlin, Freud und Einstein, den Weltatlas und die Französische Revolution. »Gott« verwandelt sich in Pflanze, Tier, Mensch, in Spinne, Vogel, Reh, in Arbeiter, Bettler, Prostituierte. Als Händler mischt er sich unter die Händler der Antike. Mit Thomas von Aquin diskutiert er die scholastischen Gottesbeweise. Als Kartograph arbeitet er zur Seefahrerzeit in London. Er tritt als Kind ins Dunkel der Welt. Durch seinen Schrei nach Licht ruft er die Milchstraße aus. Er macht einen Planeten zu seiner Residenz, taucht in den Ozean ein. Er inkarniert sich im Körper einer alten Frau, eines Trinkers, einer Krankenschwester, bestätigt sich als Liebhaber. Zuletzt verschafft er sich in den Zwischenräumen der Fernsehprogramme Präsenz.

Ist ein so radikales Prinzip der Inkarnation blasphemisch? Zunächst ist es episch eminent produktiv, erlaubt es doch eine ungewöhnliche Befreiung von Ort und Zeit und von der Einengung auf eine begrenzte Form. Ferruccis Gott als Ich-Erzähler (oder ist es der Ich-Erzähler als Gott?):

> »Ich ging aus mir heraus, breitete mich über die Welt aus und wurde der sonnendurchfluteten Landschaft ähnlich, die an jenem Tag an meiner Seite vorbeigezogen war. Mein Körper enthielt die Hügel, und in den Momenten der Einsamkeit wurde auch ich zur Pflanze, aber auch zum Wasser, das unter der Eisdecke nicht stillsteht. Ich ging über mich selbst hinaus wie die Natur im Wechsel der Jahreszeiten. Als ich Mutter wurde, schien mir völlig klar, daß das Kind aus dem Winkel

meines Innern zur Welt kam, im dem die ruhige Klarheit verborgen war. In Wirklichkeit hatte ich mehrere Leben in einem geführt. Die Zeit mütterlicher Herkunft begann, die mich in einer schnellen, erfüllten Fahrt an die Grenzen des reifen Alters führte.«[2]

Ferrucci treibt das inkarnatorische Prinzip - das aus christlicher Lehre stammt - kosmisch durch alle Räume, individuell durch alle Altersstufen, sozialen Schichten, Geschlechter, topographisch vor allem durch die abendländischen Räume, geschichtlich durch die christlichen und, nachaufklärerisch, weniger christlichen Jahrhunderte.

Wie alle Ich-Erzähler hat dieser »Gott« eine doppelte Erzählgestalt. Als Person ist er eingetaucht in das Geschehen, erlebt, fühlt, denkt, leidet, handelt er. Als Erzähler gewinnt er Distanz, macht sich Gedanken über seinen Helden, zeigt, inszeniert und kommentiert ihn. Weil seine Romangestalt »Gott« ist, muß der Autor sich nicht auf die zeitlich-räumliche Enge eines Menschenlebens beschränken. In die Welt geboren, wird dieser Gott Wanderer. Er vagabundiert aus Prinzip. Er will seine Welt kennenlernen - und erzählend dem Leser zeigen. Er hat die theologischen Attribute der Allmacht, Allwissenheit, Allgegenwart, Weltverantwortung abgelegt. Er erkennt an den Menschen und an sich selbst Mängel, die seine Schöpfung seit Anbeginn begleiten. Er hat am Anfang als Kind nicht gewußt, daß er Gott war. Er ist neugierig auf Erfahrung. Er fühlt sich einsam, er will lieben. Der Erzähler: »Ich stellte mir Gott wie das Portrait eines Menschen vor, dessen Blick demjenigen folgte, der es anschaut; und wenn hundert Personen es aus verschiedenen Blickwinkeln betrachten, folgt der Blick jedem einzelnen von ihnen.«[3]

Was geschieht im Roman? Der gebildete Autor schaut durch seinen Ich-Erzähler die Welt an. Ferrucci entwickelt nicht eine glückliche oder gescheitertte Zweierbeziehung, keine mythisierende Familiengeschichte, keine Entlarvungsgeschichte nach al-

2 *Franco Ferrucci*, Die Schöpfung. Das Leben Gottes von ihm selbst erzählt, München 1988, 359 f.

3 Ebd., 231.

tem Schein-und-Sein-Muster, keine direkte Kritik der gesellschaftlichen Verhältnisse. Weder Schuldspruch noch utopischer Entwurf.

Ferrucci verbindet das Inkarnationsprinzip mit der epischen Gestalt des göttlichen Schelms, den göttlichen Wanderer mit dem kritischen Bewußtsein eines nicht nur intellektuell Aufgeklärten, sondern emotional begabten, bescheidenen, gebildeten, mit Kritik und Humor ausgestatteten reifen Menschen. Die Gott-Gestalt des Romans ist nicht der Gott der jüdisch-christlichen Offenbarung, kein theologisch gereinigter, auf den Begriff gebrachter, am wenigsten ein kirchlicher Gott. Ohne Offenbarung, Theologiegeschichte, ohne Abendland und Kirche ist er allerdings nicht denkbar. Er durchläuft das biblische Sechs-Tage-Werk und die mosaische Gestaltwerdung. Lieber als mit dem strengen Moses spricht er mit dem humanen, bedachten Heraklit von Ephesus. Später redet er mit Augustinus und Dante, in unserem Jahrhundert mit Freud und Einstein.

Große Schwierigkeiten hat Ferruccis »Gott« mit dem Gott der Theologen. Moses hat ihn den Israeliten als »eifersüchtig«, »rachsüchtig«, »jähzornig« geschildert. Den spiritualistisch-spekulativen Augustinus läßt Gott »den Hungertod von Kindern mitansehen, deren überlebende Geschwister aufs Feld oder in die Bauwerke geschickt wurden und die mit zwanzig Jahren verkrüppelte Greise waren«[4]. »Ich forderte ihn auf, mir zu erklären, woher das alles kam und wer in aller Welt dafür verantwortlich wäre [...] *Das alles bin ich, Augustinus!*«[5], ruft er aus. Der große Thomas von Aquin darf Gott »das Geheimnis der göttlichen Vorsehung« erklären und in einer Art Erleuchtung begreifen, daß Gott »nicht der unbewegliche Motor des Lebens war [so Aristoteles], sondern die Bewegung, die das Leben vorantreibt«[6]. Der Leser hört bei Augustinus die Theodizeefrage, gegenüber Thomas die ironische Kritik gegenüber philosophierenden Wissenserklärungen in der Theologie. Gott, der wie ein Poet empfindet, hätte gerne Dante zu seinem Sprachrohr gehabt. Aber die

4 Ebd., 218.
5 Ebd., 219.
6 Ebd., 264 f.

Eitelkeit des gedemütigten Dichters hielt ihn davon ab. Je näher der Autor an die Gegenwart heranrückt, desto kürzer werden die Episoden, Gespräche, Kommentare. Die Materialfülle der jüngeren Geschichte überforderte den Romanautor. Die schöne Distanz, die er bis ins Mittelalter durchhalten kann, zerrinnt. Freud hält Gott vor, er habe den Weltkrieg nicht verhindert. Der gealterte Einstein dagegen hatte von ihm das Bild »eines Engels, der Himmel und Erde beherrschte und einen verzauberten Palast errichten wollte, in dem himmlische Musik gespielt wurde«[7].

Ferruccis Gott ist anstößig. Die Impulse, die seine Gestalt aussendet, lassen sich nicht trennen von den Provokationen. Christologisches *Pleroma*, Inkarnation, *Kenosis* (Entleerung bis zur Nichtung des Göttlichen) erscheinen verfremdet in der Vielheit seiner Gestaltwerdungen, in der Entpersönlichung und dem Eingehen ins Geschlechtliche. Aber nie tritt Ferruccis Gott politisch als Mächtiger auf, auch nicht wissens- oder verwaltungsmächtig. Gott wächst als Pflanze; er erinnert sich als Baum. Er wird Kind unter Armen, liebt, gebiert, leidet. Er lebt bei den unteren sozialen Schichten, verkehrt unter Nicht-Ehrbaren, nie unter Arrivierten. Der Bibelleser mag sich an die Seligpreisungen, an den Lobpreis der Kinder, an die Gespräche Jesu mit »unehrbaren« Frauen erinnern. Zugleich - ist das der östlich-buddhistischen Einschlag? - leidet Gott an seiner Schöpfung. Er ergreift in all seinen anthropomorphen Gestalten Partei für den Menschen. Nie Richter, Rechthaber, Moralist, stets Symphathisant mit allem Lebenden, Seienden. Natürlich ist die Sympathie Gottes als Teilhabe, Teilsein, Mitleiden die Sympathie des Erzählers. Der Erzähler stattet seinen Gott mit Ironie und Witz aus. Die werden nie hämisch, besserwisserisch, sarkastisch oder zynisch. Ferruccis Gott will nicht nur »die Gottlosen nicht vernichten«, er weiß gar nicht, »wer die Gottlosen sind«[8]. Er steht im größten Gegensatz zu Dostojewskijs »Großinquisitor«. Gegen Augustinus, der seinen Gott ausgestattet wissen will mit »Insignien der Macht«, führt der Erzähler-Gott *Römer 8* ins Feld. Aber Augustinus will nichts sehen noch hören vom »Seufzen der Schöpfung«.

7 Ebd., 337.
8 Ebd., 133.

Mit den Gaskammern von Auschwitz hat Ferrucci seinen Gott nicht mehr konfrontiert. Das hätte den epischen Rahmen gesprengt. Ferruccis Gott ist aus den Geistkammern des aufgeklärten, sensibel bewußten Menschen herausgetreten. Sein Autor spielt nicht nur mit seiner und unserer Gottesvorstellung. Er erweitert und kontrahiert, erhöht und erniedrigt sie. Gegen Inquisitoren und Fundamentalisten verflüssigt er jedes verhärtete Gottesbild. In Analogie zu Hesses »Glasperlenspiel« und zu Wittgensteins »Sprachspiel« könnte man Ferruccis Roman als »Gottesspiel« bezeichnen. Die Entrüstung, das Aha-Erlebnis, augenzwinkerndes Einverständnis mit dem episch Gezeigten hängt von Standort und Perspektive des Lesers, von seinem apologetischen Zwang oder von seiner spielerischen Freiheit ab. Ferruccis Erzähl-Gott sagt zuletzt, ganz Sprachrohr seines Autors, »die wahre Religion fürchte weder das Leben noch den Tod«, finde aber »mit Sicherheit ihren Platz nicht in einer Kirche«[9].

3. Unterwegs zum »Gott der Langsamkeit«

Friedrich Dürrenmatt gibt die gesetzlose Welt von *Durcheinandertal*[10] dem Gelächter preis. Peter Handke sucht seit der Tetralogie *Langsame Heimkehr* (1979 ff.) sein persönliches »Gesetz«, die mögliche »Gnade«. Er entdeckt die »friedensstiftende Form« in Natur und Geschichte, physische Gegenwart und Ahnung des Metaphysischen im »sanften Gesetz«. Er öffnet sich immer mehr der Erfahrung des heiligen Raumes, der Deutung der heiligen Zeit. Er sucht und verwirklicht eine »Weltfrömmigkeit«. Friede heißt das Gesetz aller Wesen. Das Göttliche, innewohnend dem Raum, der Zeit und dem Bewußtsein, kann ahnungsvoll erfahren werden. Es offenbart seine Präsenz durch geheimnisvollen Schauder im mystischen Augenblick.

9 Ebd., 352 f.
10 *F. Dürrenmatt,* Durcheinandertal, Zürich 1989.

3.1 Peter Handkes viatorischer Gott

Jenseits des nordamerikanischen Polarkreises hat Handkes Projektionsgestalt Valentin Sorger in der Landschaft die friedensstiftende Form erfahren. In einem Augenblick innerer Erleuchtung begreift Sorger in einem New Yorker Coffee Shop, »daß die Geschichte nicht bloß eine Aufeinanderfolge von Übeln ist« - wie in der »Babel«-Welt, wie in Dürrenmatts Tragikomödien, wie im gegenwärtigen »Durcheinandertal« - »sondern auch, seit jeher, eine von jedermann (auch von mir) fortsetzbare friedensstiftende Form«. Der Blick auf die Realgeschichte außerhalb persönlicher Schmerzerfahrungen, auf Auschwitz in der Geschichte, auf Dürrenmatts eingesperrte Physiker angesichts des Zugriffs der Mächtigen auf die Atommacht, auf »Durcheinandertal« als Metapher für das reale Zusammenleben der Menschen, bleibt bei Handke ausgespart. Seine kontemplative Wandergestalt von *Langsame Heimkehr* bis zum Roman *Die Wiederholung* und den Wanderminiaturen *Noch einmal für Thukydides* (1990) bleibt einzelgängerisch. Auch im Märchenroman *Die Abwesenheit* (1990) bleibt der weise Wanderlehrer, der therapeutisch führende Alte ein geradezu mönchisch einzelner. Am Ende entschwindet er als weltlicher Heiliger.

Von Handke her stellt sich die Frage: Kann ein Mensch heute - wenn er einer religiösen Gemeinschaft nicht angehört und einer Familie oder andere Gemeinschaft als tragend nicht erfährt - kann ein solcher anders als durch eine Art Bekehrung, anders denn als Aussteiger aus *Durcheinandertal* dem Leben, sich selbst überhaupt auf die Spur kommen, den »göttlichen Schauder« erfahren, wenn er sich nicht von dem, was ihn kaputt macht, löst? Wenn er sich nicht meditativ erkundend auf den Weg macht? Dürrenmatt hatte als Autor von Anfang an die Welt im Visier. Er schrieb, obschon in das Geschriebene involviert, nicht autobiographisch. Peter Handke ist bis auf wenige Anfangsskizzen ein ganz und gar autobiographischer Autor. Die Erkundungs- und Wandergestalt seiner Romane, der Erzählungen und Versuche (»Über die Müdigkeit«, »Über die Jukebox« »Über den geglückten Tag«) ist, ob autobiographisch oder fiktional vorgetragen, er selbst. Den point de départ wählt sich ein Autor nicht. Der ist vom Naturell, den Umständen, der Lebensgeschichte vorgegeben. Von ihm aus fährt er in die Welt, beleuchtet er das von ihm Wahrnehmbare, Wahrgenommene. Entgegen den Verdikten gegen jede Botschaftssprache in den 50er und 60er Jahren läßt Peter Handke seine Nova-Gestalt, die Sprecherin der neuen Zeit, im dramatischen Gedicht *Über die Dörfer* (1981) sagen:

> »Mit euch ist die heilige weite Welt. Jetzt ist der heilige Tag. Wirkend arbeitend, seht ihr ihn und könnt ihn fühlen. Ihr seid jetzt, und seid die Gültigen. Daß ihr seid, ist ein Datum. Handelt danach. Und laßt ab von dem Gegrübel, ob Gott oder Nicht-Gott: das eine macht sterbensschwindlig, das andre tötet die Phantasie, und ohne Phantasie wird kein Material Form: diese ist der Gott, der für alle gilt. Das Gewahrwerden und Prägen der Form heilt den Stoff! Gottlos allein, schwanken wir. Vielleicht gibt es keinen vernünftigen Glauben, aber es gibt den vernünftigen Glauben an den göttlichen *Schauder*. Es gibt den göttlichen *Eingriff*, und ihr alle kennt ihn [...] Ja, es gilt: dem langsamen Blick, wenn dieser zugleich ein Aufblicken ist, lächeln aus den Dingen die Antlitze der Götter. (Seht das Wunder und vergeßt es.) Und die Stimme der Gottheit geht so: Du kannst dich liebhaben.«[11]

Handkes Nova-Prophetin spricht die Jetztgeborenen an. Handke wendet sich durch ihren Mund gegen Brechts und seiner Nachredner Rede von den »Nachgeborenen«. Jede Generation hat ihre Gegenwart und ihre Zukunft. Als Werner Bergengruen für seine Gesammelten Gedichte nach dem Krieg den Titel »Die heile Welt« setzte[12], empörten sich die gesellschaftskritischen Literaten. Das Wort wurde geradezu tabuisiert in der Literaturkritik. Handke setzte es neu ein. »Ja, überliefert form-sehnsuchtsdurchdrungen die heile Welt«, läßt er seine Nova sagen. Und weil er die Reaktion unter einigen Zünftigen voraussieht, kontert

11 *P. Handke*, Über die Dörfer, Frankfurt 1981, 103.
12 *W. Bergengruen*, Die heile Welt, Zürich ^{1}1950.

er: »Das Hohnlachen darüber ist ohne Bewußtsein. Mephisto ist hier nicht die Hauptfigur.«[13]

3.2 Der »Große Geist« der Form

In Handkes Schreiben geht es seit der »Heimkehr«-Prosa nicht mehr um die »Bewältigung« der Vergangenheit oder die übliche Gesellschaftskritik, nicht mehr um die Fortsetzung der Aufklärungsarbeit, nicht um die Demonstration oder Denunziation von Babel, Güllen oder »Durcheinandertal«. Handke will, nachdem die überindividuellen Sinnträger (vor allem Kirche und verfaßte Religion, aber auch die Philosophie als Lebenslehre) die meisten Menschen in der zeitgenössischen Gesellschaft nicht mehr oder nur noch marginal erreichen, seine Leser zur meditativen Sinnsuche und Sinnerfahrung ermutigen. Nicht intellektuelles »Gegrübel, ob Gott oder nicht-Gott« hilft weiter, sondern meditatives Aufmerken und Gefahrwerden. Im Fühlbewußtsein geht es um Annäherungen an das Numinose, sogar um Erfahrungen göttlicher Gegenwart. In allen seinen Äußerungen visiert Handke Gott nicht als inhaltliche, nicht als satzbare Größe an. Er geht weiter auf Gott als *Form* zu. Er ist der »Große Geist der Form« (*Die Lehre der Sainte-Victoire*, 1980), »friedensstiftende Form« in der Natur, friedensstiftende Form in der Geschichte. Geschichte kann und darf nicht bloß eine »Aufeinanderfolge von Übeln« sein (*Langsame Heimkehr*, 1979). Friede ist die Lebensform für den Menschen, für Valentin Sorger, für Filip und Gregor Kobal (aus dem Roman *Die Wiederholung*, 1986), für den weisen »Alten« (aus *Die Abwesenheit*, 1987). Ein geradezu numinoser Friede leuchtet aus Cézannes Landschaftsbildern, aus Stifters Wahrnehmungen und Formungen des »sanften Gesetzes«. Für Cézannes Bilder und Handkes Spracharbeiten gilt: »Das Wirkliche war dann die erreichte Form; die nicht das Vergehen in den Wechselfällen der Geschichte beklagt, sondern einen Sinn im Frieden weitergibt. - Es geht in der Kunst um nichts anderes.«[14] Friede ist die heilige Form des Hier und Jetzt. Die Auffindung der

13 *P. Handke*, Über die Dörfer, Frankfurt 1981, 102.
14 *P. Handke*, Die Lehre der Sainte-Victoire, Frankfurt 1980, 21.

Form macht das Unangeschaute human, sogar theophan. Sie kann Verletztes heilen durch Anschauen, beseelendes Aufmerken (auch im Roman *Die Wiederholung*). »Das Gewahrwerden und Prägen der Form heilt den Stift«, sagt der Autor der *Lehre der Sainte-Victoire* (1980). Die Form ist der größte Gegensatz zu (Dürrenmatts) »Durcheinandertal«.

Ästhetisch (nicht ästhetizistisch) und praktisch geht es Handke um die Wissenserkenntnis der Form in allem Seienden, um die Entdeckung des Epiphanischen in der Welt. Handke verweist auf Paul Cézanne als »Menschheitslehrer«, auf seine Form- und Lichtarbeit. In seiner späten Schaffensphase hat Cézanne sich auf die Betrachtung der Natur zurückgezogen. Die sozial anklagenden, politisch streitbaren Romane seines Schulfreundes Emile Zola blieben ihm fremd.

Handke setzt sich nicht mehr mit den naturwissenschaftlichen Aufklärern, nicht mit den Nachfolgern Nietzsches, nicht mit den Theodizeeproblemen der »Heimkehrer«[15] und nicht mit denen der jüdischen Menschen nach Auschwitz auseinander. Er distanziert sich von jeder erlernten, formelhaft verfügbaren Rede von Gott. Gott ist ihm ein in Worten nicht faßbares »Voraus«, das er suchen muß, ein Ur- und Übergrund, den er spüren will. Handke bekennt seit den mittleren 70er Jahren einen mystischen Impuls. Er bekennt, einen »Gleichgesinnten aus dem vergangenen Jahrhundert« zitierend: »Ohne meine Liebe zur Form wäre ich zum Mystiker geworden.«[16]

Dürrenmatt ist, wie mir scheint, an der intellektuellen Auseinandersetzung mit der Gottesvorstellung angesichts der Erfahrung von chaotischer Welt gescheitert. Handke setzt gegen chaotische Welt geformte Welt. Er umgeht die intellektuelle Problematik um die Offenbarungsgeschichte und Dogmatik Gottes durch konzentrierte Kräfte der Sinne und der Seele. Man kann seine Annäherung als »Fühlbewußtsein« bezeichnen. Geistesgeschichtlich betrachtet, könnte man eine Nähe zu Schleiermachers anschau-

15 *W. Borchert*, Draußen vor der Tür, 1947.
16 *P. Handke*, Kindergeschichte, Frankfurt 1981, 119.

endem Fühlen und zur religiösen Romantik, vor allem eines Novalis, entdecken (»Wohin gehen wir? - Immer nach Hause«[17]).

Die Romantik hat ja auch den *Wanderer* als Gegentyp des Philisters entdeckt und besungen. Freilich teilt Handke nicht das romantische Fernweh. Wohl aber läßt er den Zielpunkt, die objektive Bestimmbarkeit des Zieles offen. Das letzte Wort, das Nova im dramatischen Gedicht *Über die Dörfer* spricht, heißt: »Geht ewig entgegen.«[18] Wem entgegen gegangen werden soll, wohin zu gehen ist, wird hier, wie auch im Wander-Roman *Die Abwesenheit*, nicht direkt gesagt. Bei einigem Zusehen kann man aber Richtung und Ziel deutlich erkennen: die Entdeckung der »friedensstiftenden Form« in allem Seienden. Der schauend Wandernde erfährt sie. Filip Kobal hat sie auf der Suche nach seinem verschollenen Bruder Gregor im slowenischen Karst gefunden (im Roman *Die Wiederholung*). Dort heißt sie, bildlich chiffriert, »Die Savanne der Freiheit oder das neunte Land«[19]. Real erscheint eine fruchtbare Doline. Sie wird gedeutet als Paradiesgarten. Sie zeigt die »Schönheit des Ursprungs«. Der entzückt Schauende stellt sich vor, daß nicht einmal »der Große Atomblitz« ihr etwas anhaben könnte. Sie löst die größte Lebenslust aus, nämlich »eine Orgie zu feiern«. »Orgie des Einander-Erkennens: statt Verzückung und Vereinigung Erschütterung und Einung, und das Zeitwort zu 'Orgie' übersetzt mit 'unbeirrbar verlangen' und die Gegend Orgas mit 'Land der Demeter' oder 'Aue' oder 'Fruchtland'.«[20]

Der Wanderer liest die »Buchstaben JHS über den Karstportalen«. Er träumt - »am Grund des Dolinentrichters« - eine »Barke samt Ruder«. Und sie - »den Teil für das Ganze« - bedenkend, fühlt er sich so frei und friedvoll, ihr den »Namen BUNDESLADE« zu geben[21]. Den leibhaftigen, friedensstiftenden Bruder hat Filip nicht gefunden. Aber auf seinen Spuren, suchend und eingelassen in seinen Geist, erfährt er wunderbaren österlichen

17 *Novalis*, Heinrich von Ofterdingen (1800), Notizen zum unvollendeten II. Teil.
18 *P. Handke*, Über die Dörfer, Frankfurt 1981, 106.
19 *P. Handke*, Die Wiederholung, Frankfurt 1986, 223 ff.
20 Ebd., 293.
21 Ebd., 298.

Frieden. Jetzt, nach langer Wanderung und Ankunft in der Doline, erinnert er sich an einen Frontbrief des Bruders (der in den Zweiten Weltkrieg mußte). Er schrieb: »Mögen wir uns eines Tages alle wiederfinden, in der geschmückten Osternachtskalesche, auf der Fahrt zur Hochzeit mit dem Neunten König im Neunten Land - erhöre Gott, meine Bitte!«[22] Das zugleich märchenhafte und christliche Bild (Ostern und Auferstehung begegnen immer wieder in Handkes Erzähltexten) wurde von der imaginativen Arbeit des formsuchenden und formprägenden Autors entwickelt. Damit aber kein unangemessenes Pathos entsteht, muß der einsame Wanderer, der den Frieden gefunden hat, zurückkehren. Zuhause in Österreich findet Filip die alten aggressiven Spießer, »die rachsüchtigen Verlierer mißmutig über die schon zu langandauernde Friedenszeit«[23]. Da lauert »Durch-einandertal«. Da tarnen sich die alten Nazis als Abendspaziergänger. Einen von denen hat Andreas Loser, der Lehrer aus dem Salzburgroman *Der Chinese des Schmerzes*, durch einen Steinwurf getötet.

3.3 Der Gehende ahnt den »Gott der Langsamkeit«

Handke schreibt eine viatorische Prosa. Gehend erfährt der Mensch die Welt, sich selbst, die friedensstiftende Form. Der spätmittelalterliche *homo viator* aus dem Kontext der Jenseitsspannung, des Mysterienglaubens, der im Gefolge der Aufklärung verschwunden ist, betritt durch eine Seitentüre neu die literarische Bühne. Der *Gehende* ist der Gegentyp zum Fahrer im Auto, dem Flieger mit Flugticket. Wer motorisch fährt, verzichtet auf den Hautkontakt mit Erde, Wasser, Wind. Er hat sich's bequem gemacht. Er fährt gepolstert, klimatisch konditioniert, geschützt im Gehäuse oder in der Kabine vor Sonne, Regen, Kälte. Er hat sich nicht zuletzt versichert gegen Eventualitäten. Der motorisch Fahrende (ganz im Gegensatz zum »Fahrenden« in vormotischer Zeit) erfährt Entfernung und Zeit nur noch metrisch. Er trennt sich vom Biorhythmus des Leben-

22 Ebd., 317.
23 Ebd., 325.

digen. Er verkapselt sich vor der Welt. Verkapselt er - nolens volens - auch Gott?

Nur der Gehende sieht, fühlt, nimmt wahr, setzt sich aus, öffnet und bescheidet sich. Der Alte aus *Die Abwesenheit* spricht seinen Schutzbefohlenen (dem Soldaten, der kaputt gemachten Frau, dem heruntergekommenen Spieler) die Botschaft des Gehens zu:

> »Gehen. Die Erde treten. Freihändig bleiben [...] An den Orten, zu denen ich gefahren wurde, bin ich nie gewesen. Nur im Gehen öffnen sich die Räume und tanzen die Zwischenräume! Nur im Gehen drehe ich mich mit den Äpfeln im Baum. Nur dem Gehenden wächst ein Haupt auf den Schultern. Nur der Gehende erfährt die Ballen an seinen Füßen. Nur der Geher spürt einen Zug durch den Körper. Nur der Geher erfaßt den hohen Baum im Ohr - die Stille! Nur der Geher holt sich ein und kommt zu sich. Nur was der Geher denkt, gilt [...] Das Gehen ist das freieste Spiel ... Der Segen des Orts ist ein Gehsegen. O mein unsterblicher Appetit auf das Gehen, auf das Zum-Ort-Hinausgehen, auf das Ewig-So-Weitergehen.«[24]

Gehend ist der Mensch unterwegs zum »Gott der Langsamkeit«. Der Wanderer preist »die Erleuchtung«, die aus der »Langsamkeit« kommt (*Nachmittag eines Schriftstellers*, 1987). Heimkehrend von der nachmittäglichen Wanderung steigt der Schriftsteller langsam die Treppenstufen zum Mönchsberg hinauf. »Warum hatte man nie einen Gott der Langsamkeit erfunden?«, fragt er. Das Wort »langsam« gehört seit der »Langsamen Heimkehr« in die Mitte des Handkeschen Wortfeldes. In New York, unmittelbar vor seiner Rückkehr nach Europa, ruft Sorger in den Winterabend hinein: »O langsame Welt.« Nova, die Verkünderin des neuen Zeitalters, empfiehlt den »langsamen Blick«, der zugleich ein Aufblicken sein soll. Andreas Loser, der sich beurlauben lassende Lehrer aus dem Salzburgroman *Der Chinese des*

24 *P. Handke*, Die Abwesenheit, Frankfurt 1987, 116 f.

Schmerzes, sinniert: »Was üblich *'im Stand der Gnade'* genannt wurde, sollte vielleicht 'im *Stand des Zeithabens'* heißen.«[25] Die Bauern auf den Terrassen der Dolinen im slowenischen Karst »arbeiteten mit vollendeter Langsamkeit, so daß selbst von ihrem Gebücktsein und gegrätschen Dahocken Anmut ausging«[26]. Filip Kobal, heimkehrend in sein österreichisches Dorf: »Es zog mich hin, als würde ich von dem Ort magnetisiert, doch ich befahl meinem Herzen die Langsamkeit.«[27] Auf einer Weihnachtskarte wünschte Peter Handke 1986 »Schöne, langsame Tage!« gegen die Hektik, das Getue, den Lärm des Festes.

Die drei Versuche »über die Müdigkeit«, »über die Jukebox« und »über den geglückten Tag« vergegenwärtigen den langsamen Blick, das langsame, erinnernde Denken, das Gegenwart filtert und konzentriert. Nur der langsame Blick nimmt wahr, vermag »das pure Geltenlassen der Dinge« (*Noch einmal für Thukydides*, 1990). Gehen und langsamer Blick, viatorischer Mensch und »Gott der Langsamkeit«, sie gehören zusammen. Welches Signalwort in hektischer Zeit! »Ich habe keine Zeit« ist eines der häufigsten Worte, das wir Menschen heute benützen. Je höher gestellt einer ist, desto weniger Zeit hat er. So kommt es, daß nicht nur Politiker und Direktoren aus Wirtschaft und Verwaltung, sondern auch der Pfarrer und der Bischof keine Zeit mehr haben. Vertreten sie einen Gott, der keine Zeit hat? Oder leben sie in bedenklicher Diskrepanz zu dem Gott, der Zeit hat und allen Lebenden Zeit gibt? Wenn »im Stand der Gnade sein« gleichbedeutend ist mit »Zeit haben«, so wäre »keine Zeit haben« gleichbedeutend mit »außerhalb des Standes der Gnade sein«.

Die kinetische »Mobilmachung« als totalisierendes Zeit- und Arbeitsprinzip der zeitgenössischen Gesellschaft hat Peter Sloterdijk in seinen Essays *Eurotaoismus* (1989) eindrucksvoll dargestellt. Falsche, totalisierende Mobilisierung, Bewegung, Beschleunigung um jeden Preis, sei die falsche »Ethik der Moderne«. Sloterdijk empfiehlt als Heilmittel gegen die »falsche

25 *P. Handke*, Nachmittag eines Schriftstellers, Salzburg 1987, 89; *ders.*, Der Chinese des Schmerzes, Frankfurt 1983, 40.

26 *P. Handke*, Die Wiederholung, Frankfurt 1986, 287.

27 Ebd., 328.

permanente Revolution« die Übernahme des ostasiatischen Tao, wo der Mensch sich an die Natur hält, sich nach der Natur richtet, seinen Lebensrhythmus dem der Natur anpaßt. »Indem sich der Westen in einen versunkenen Osten hineinträumt und eine asiatische Antike als maßgebliches Kulturmodell des gegenwärtigen Lebens heraufbeschwört, sucht er in einer fremden Vergangenheit nach Möglichkeiten der eigenen Zukunft.«[28] Von taoistischen Bildern und Vorstellungen her kommt Sloterdijk nicht zu Handkes »Gott« der Gehenden, aber zur Forderung viatorischer »Gelassenheit«. Von anderen Denkvoraussetzungen und Bildern her gerät sie in die Nähe der Handkeschen Botschaft, deren christliche Textur - »Glaube«, »Gott«, »Gnade«, »Sakrament«, »Ostern« und »Auferstehung« - nicht zu übersehen ist. Wenn Handke von »mystisch« spricht und von »göttlichem Schauer«, geht es um die erregende Erfahrung intensivster Gegenwart; wenn er von »heilig« spricht, um eine neue Weltfrömmigkeit.[29]

Nimmt Handke, wissend oder nichtwissend, Züge der frühen, die heraufkommende Welt kruder Tatsachen transzendierende

28 *P. Sloterdijk*, Eurotaoismus. Zur Kritik der politischen Kinetik, Frankfurt 1989, 86.

29 Zum Begriff »Weltfrömmigkeit«: Das Wort hat *Goethe* geprägt und in seinem Roman *Wilhelm Meisters Wanderjahre* eingesetzt. Er unterscheidet sie von einer Hausfrömmigkeit und Religiosität der stillen Kreise und von einer empfindsamen, pietistisch-spiritualistischen Frömmigkeit, wie sie in der »schönen Seele« (der *Lehrjahre*, 5. Kapitel) zum Ausdruck kommt. Die »Hausfrömmigkeit« meint im Roman die Lebensform der Spinner und Weber. Sie üben ihre Arbeit im Familienkreis aus. Ihre kirchliche Gläubigkeit zeichnet sich durch patriarchalische Lebensformen und voraufklärerische Unterordnung aus. Sie führen ein gottgefälliges Leben in diesen Grenzen. Goethe erkannte, daß Überbevölkerung und Industrialisierung dazu zwingen, diese Grenzen zu überschreiten. Im Kreis der aufgeklärten Turmgesellschaft befaßt man sich nicht nur mit Auswanderung, sondern auch mit dem Gedanken, ob die Beschäftigung mit Wirtschaft und Politik einen religiösen Sinn haben könnte. Man denkt an Auswanderung nicht als Abenteuer oder zur Besitzgründung, sondern als Unternehmen der Gruppe zu gemeinsamem sozialem Werk. Goethe war einer der ersten Schriftsteller, dem eine »kirchliche« Frömmigkeit zu eng blieb, zu privat, zu wenig erkundend, zu wenig die Natur und die Möglichkeiten des Lebens ausschreitend. Für Goethe konnte fromm sein: 1. ein Künstler, der das Geheimnis der Natur auslegt, 2. eine Mutter, die ihren Lebenskreis, ihre mütterliche Aufgabe, erfüllt, 3. aber auch ein Mensch, der in die Welt wirkt. Diese dritte Frömmigkeit, genannt »Weltfrömmigkeit«, bejaht der Abbé, der zur Turmgesellschaft gehört. Angemerkt werden muß, daß Goethe nicht eigentlich die biblisch-geschichtliche Frömmigkeit (Schöpfungsauftrag mit dem mosaischen Gesetz) und nicht die weltprägende Gestalt und Botschaft Jesu, des Christus, sah.

Romantik auf? Spricht seine Nova-Gestalt als Prophetin des »Geistes der neuen Zeit« die religiöse Stimmung von »New Age« aus? Zweifellos geht es im Handkeschen Werk seit der »Heimkehr«-Prosa um einen starken Bewußtseins- und Fühlkontakt mit dem Seienden - gegen die »Seinsvergessenen« (*Über die Dörfer*) der Verkäufer- und Käuferwelt. Der Mensch kann die friedliche Welt und in ihr seinen Seelenfrieden finden, in der friedlichen Form den Gott des »Gartens«, den Gott des Schöpfungsfriedens.

Seit den siebziger Jahren ist nicht nur bei Peter Handke, sondern auch bei Botho Strauß und anderen jüngeren Autoren etwas neu in Bewegung gekommen. Gesellschaftskritik allein tut's nicht. In der Öde der materialistischen Welt wird die Gottesfrage, wird Gottessehnsucht neu entdeckt. Dieser Gott hat freilich nicht mehr die feste Gestalt der christlichen Tradition. Seine »metaphysische Bedürftigkeit« - Marie Luise Kaschnitz sprach einmal davon - treibt den in allem Wohlstand Mangel leidenden Menschen an. Zwischen den materialistischen Optionen der konsumistischen Masse (zu der wir gehören) und den theologisch-dogmatischen Fixierungen zeichnet sich neues Denken, eine neue Kraft ab. Der Gehende ahnt eine mystische Kraft alles Lebendigen. Er setzt sich aber nicht in Beziehung zu einem satzhaft Absoluten, sondern zu einem geahnt Lebendigen, Gegenwärtigen, Lockenden, Tragenden, für das er keinen Namen hat. Gott wird, wo er auftaucht, nicht als Übergröße in Beziehung gesetzt zu anderen rational faßbaren Größen, wobei er dann immer vernünftiger, härter, kälter, ferner, unfaßbarer wird. Anvisiert wird ein *Richtungsgott*, erfahrbar (bei Handke) im göttlichen Schauder als *Fühlgott*, der den Strom des Lebens fließen läßt. Der apologetische Begriff »pantheistisch« griffe zu kurz.

4. Gott der Unteren: Gott der Laien

Geht man davon aus, daß Autoren sensible Seismographen für das Bewußtsein der Zeit sind, daß sie im Denken und Fühlen oft eine Vorhut bilden, so kann man, kulturgeschichtlich betrachtet, von einem Gott der Unteren, einem Gott der Laien sprechen. Gott wurde in der abendländischen Geschichte überwiegend von »oben« verkündet und tradiert, von der kirchlichen Autorität, von der hierarchischen Obrigkeit. Bischöfe, Priester, Kleriker-Professoren verkünden, überwachen, »verwalten« die orthodoxe Gotteslehre. Bis heute gehört die Masse des Gottesvolkes dem Stand der »Laien« an. Auch in früheren Zeiten, vor allem seit dem Mittelalter, hat es religionsgeschichtliche Strömungen gegeben, die von unten aufsprangen, von den Laien her entwickelt oder verstärkt wurden. Wenn sie abwichen von der orthodoxen Lehre, wurden sie als »häretisch« gebrandmarkt. Im Unterschied zu den Christen-Laien damals wollen Autoren heute weder »Kirche« sein noch eine Kirche gründen noch der Kirche helfen. Sie stehen meist am Rand der Kirche, und sie erreichen zum größeren Teil ein anderes Publikum als das kirchliche. Sie beanspruchen in keiner Weise »Orthodoxie« - und sie sind von orthodoxen Bannsprüchen (wenn es sie gäbe) nicht erreichbar. Als mündige Menschen erkunden Autoren die Welt, die *condition humaine*, sich selbst, die transzendierende Spur, die *andere* Gegenwart im wunderbar, real und banal Gegenwärtigen.

»Gott« begegnet in allen literarischen Texten, die ihn zeigen oder andeuten, in einem Kontext von *Welt, Erfahrung und Sprache* - nicht isoliert, nicht sonntäglich, nicht liturgisch noch dogmatisch, nicht im Gewand biblischer Offenbarung, meist unfeierlich. Die Vorstellung, das Bewußtsein, die Ahnung von, die Hoffnung auf Ihn springt irgendwo in der weltlichen Wahrnehmung auf. »Natürliche Gotteserkenntnis und der Gottesimpuls im Menschen« (Karl Rahner sprach vom »übernatürlichen Existential«) verbinden sich mit Elementen der christlich-jüdischen Überlieferung, der humanistischen Tradition, vereinzelt auch mit fernöstlichen Vorstellungen. Literarische Texte exemplifizieren nicht das verfaßte *Credo* der Kirche, das als Norm von der kirchlichen Autorität verbindlich gesetzt wird. Autoren fragen, wo, wie, unter welchen Bedingungen, in welcher Sprache, welchen Vorgängen, welcher Gestalt »Gott« ihnen ins Blickfeld tritt, vernehmbar und relevant wird. Die Aussagen sind subjektiver Art, objektiviert durch Sprache, Form und Kontext - nicht durch die Autorität der »Offenbarung« oder ihrer Hüter. Punktuelle Erfahrungen, persönliche Vorstellungen, Ausschnitte und Kompositionen von Lebensgeschichten treten an die Stelle »objektivierender« und verbindlicher Lehre. Der Autor bietet sein «Sprachspiel«, sein poetisch Hergestelltes dem Leser an, damit er es auf sich wirken lasse, eigene Erfahrungen und Vorstellungen mit denen des Autors vergleiche.

Die überlieferten »Credo«-Formeln und die sie explizierende theologische Rede sind mehr extensiver Art. Sie breiten ein Gesamtwissen aus und akzentuieren einzelne Aussagen im Verhältnis zum Ganzen. Literarische Auseinandersetzungen und Vorstellungen von Gott sind individuell intensiv. Emotional verwurzelt, stammen sie aus persönlicher Lebenserfahrung, aus Leiden, aus befreiender Sehnsucht. Sie leugnen nicht ihren subjektiven Antrieb. Anstelle eines »Haben«-Gottes - er hat eine Reihe von Eigenschaften, vor allem Macht; wir »haben« ihn, wir »haben« die Lehre - wird Gott als Seiender entdeckt, der uns als Mitseiende teilnehmen läßt am Geheimnis des Lebens.

Gegen den »hektisch« verkündeten und repräsentierten Gott, gegen die hektische Welt wird ein »langsamer« Gott entdeckt. Der Bibelkundige wird sagen: *der* steht auch schon in der Bibel. Die Antwort heißt: aber nicht in diesem Kontext, nicht in dieser Neuentdeckung aus Geist, Sprache, Form und den Bedingungen der heutigen Zeit heraus.

Ein Literaturfreund fragte mich jüngst polemisch: »Gott? - Sie meinen diesen Männer-Club da oben? Drei ältere Herren gelangweilt um einen runden Tisch?« - Als ich in dieser Nacht aufwachte, fiel mir ein, was ich ihm gerne gesagt hätte. »Nein, augengebärende Nähe, durch Worte atmend. Unendliches Gewahrsein. Wundertätig die Geburt des Gartens. Ins Hellste gesprochen die Geschichte mit den Menschen. Aber jemand, wir alle stören sie.«

Gott ist und bleibt literarisch ein *Erreger*: als gesuchte Gestalt, als gestalthaft und gestaltlos Ersehnter, als jedes Wesen übersteigende Faszination, als einer, der Impulse auslöst - gewaltige, tägliche, unscheinbare, kaum wahrgenommene -, als Hoffnung und als Sinnhorizont, als Schöpfer-Garant des Lebens, als Hörer unseres innersten Sprechens, als Empfänger unserer Ängste, unserer Wahrheitssuche, unserer Sterbegestalt: Stimme in den Stimmen, Wort in den Sätzen, Ton in den Tönen, Bild in den Bildern, Schauender in allen Schauenden, »der Große Geist der Form« und die »friedensstiftende Form«. Kommunizierend mit Sätzen, Bildern, Tönen, bedrängt von Gefühlen, beflügelt von Gedanken, sind hellwache Menschen heute, erregt und manchmal erschöpft, unterwegs zu dem Namenlosen.

Cornelia Liesenfeld

Gotteserfahrung in der Physik? Zur Möglichkeit einer Begegnung mit dem Göttlichen im philosophischen Weltbild von Max Planck, Albert Einstein und Werner Heisenberg

Einführung

Fast scheint es, als wären die beiden mit diesem Thema angeschnittenen Bereiche unvereinbar: Gotteserfahrung und Physik. Was hat das eine mit dem anderen zu tun? Und in welchem Verhältnis stehen sich hier empirisches, wissenschaftliches und religiöses, also den persönlichen Glauben betreffendes Argument gegenüber?

Wo nach einer Gotteserfahrung gesucht wird, dort muß zuerst der *Gott* gesucht werden, nach dessen Erfahrbarkeit man fragt. Mehr noch: Wo nach der Gotteserfahrung bestimmter *Menschen* geforscht wird, dort wird man sich an dem zu orientieren haben, was diese Person selbst den Mitmenschen offenlegt.

Das Weltbild von *Max Planck* (1858-1947) beispielsweise gründet auf der Philosophie von Immanuel Kant (1724-1804) - wie überhaupt der Neukantianismus Ende des 19. Jahrhunderts allgemein Zeitgeist war -, das Weltbild von *Albert Einstein* (1879-1955) fand seine Wurzel in der Philosophie des Baruch de Spinoza (1632-1677), und *Werner Heisenberg* (1901-1976) entdeckte die starke gedankliche Verwandtschaft physikalischer Ergebnisse und Erkenntnisse des 20. Jahrhunderts zur Platonischen Philosophie und gründete darauf *sein* Weltbild. In allen drei Fällen ist der Gottesbegriff der philosophiegeschichtlichen Vorlage in das 20. Jahrhundert übernommen und gleichzeitig mit neuen Begründungsformen ausgestattet und erweitert worden.

In *keinem* dieser Fälle liegt uns eine *personale* Gottesvorstellung vor, ja, bei Planck und Einstein wird der Personbegriff bezüglich ihres Gottes sogar *deutlich* zurückgewiesen. Damit verlagert sich die Frage nach einer Gotteserfahrung, die offenbar lagert sich die Frage nach einer Gotteserfahrung, die offenbar keine im üblichen Sinne dialogische oder personorientierte ist, zur Frage nach dem Wesen der Wahrnehmung eines *göttlichen Prinzips*, das auch und vor allem naturwissenschaftlich *entdeckt*, *erfahren* und *erlebt* werden kann.

Vorbereitung: Gemeinsame Grundzüge im Verhältnis von Wissenschaft und Weltbild

Allgemein läßt sich beobachten, daß sich so etwas wie »Weltbild« im Laufe des Lebens eines einzelnen erst nach und nach herausbildet und wächst, keinesfalls aber schon in frühen Lebensjahren in abgeschlossener Form vorliegt. Weltanschauung und Forschungsbemühungen beeinflussen und stärken sich vielmehr das ganze Leben lang wechselseitig, wobei sich durchweg feststellen läßt, daß in den jüngeren Jahren des Physikers in erster Linie die Physik dominiert und allenfalls ein allgemeines Interesse das Entdecken von philosophischen Affinitäten zur Physik befördert. In den späteren Jahren mehr und mehr wirkt dann die Weltanschauung auf die Physik (zurück), was Heisenberg einmal so formuliert hatte: »Physik bringt man am besten vor dem dreißigsten, Philosphie am besten nach dem fünfzigsten Lebensjahr zuwege.«[1]

In diesem Zusammenhang bleibt dann ein weiteres zu erwähnen, das mindestens die drei genannten Physiker sehr wesentlich kennzeichnet: Die *Rückprojektion der gefestigten Weltanschauung in die eigene Vergangenheit*. Damit ist etwas angesprochen, das sich häufig in den sogenannten »Altersschriften« oder später verfaßten autobiographischen Darstellungen findet: Hier wird im Rückblick auf das eigene Leben das inzwischen gefestigte und bewährte Weltbild in seinem Entstehungsprozeß *rekonstruiert*.[2]

1 Zitiert nach: *C. F. von Weizsäcker*, Der Garten des Menschlichen, München/Wien [6]1978, 556.

2 So etwa *A. Einstein*, Aus meinen späten Jahren, Frankfurt a. M. usw. 1984; *ders.*, Mein Weltbild, hg. von *C. Seelig*, Berlin 1968; *M. Planck*, Vorträge und Erinnerungen, Darmstadt 1983, darin: Persönliche Erinnerungen aus alten Zeiten, 1-14; oder einzelne Partien aus *W. Heisenberg*, Der Teil und das Ganze, in: 1969 III 3-

Dabei werden in der Erinnerung diejenigen Begegnungen, Gespräche und Erlebnisse, die - aus der weltanschaulichen Gesamtperspektive des Alters - schon damals von Bedeutung gewesen sein könnten, in der Darstellung überbewertet, wohingegen andere Elemente nur am Rande (möglicherweise auch gar nicht mehr) oder in Beziehung auf das jetzige Weltbild erwähnt werden.

Mit Blick auf die im Weltbild integrierte *Gottesvorstellung* und - sofern dies überhaupt ersichtlich ist - die Formen der *religiösen Praxis* eines Physikers wird man aber sehr vorsichtig sein müssen hinsichtlich der Schlüsse, die man vielleicht gerne ziehen möchte. Denn es fällt auf, daß die Gottesvorstellung im allgemeinen *nicht* die der Konfession ist, welcher der Physiker angehört und die er möglicherweise sogar praktiziert. Das zeigt sich besonders prägnant am Beispiel Max Plancks, dem ich mich jetzt widmen möchte.

1. Max Plancks Gott der Kantischen Philosophie[3]

Die Kantsche Philosophie mit dem hier integrierten Gottesbegriff ist sicher sehr schwierig und kann an dieser Stelle auch oberflächlich nicht besprochen werden. Dennoch wird allein aus der Philosophie Kants - und auf diese beruft sich Planck selbst immer wieder - der Plancksche Gottes- und Religionsbegriff annähernd verstanden werden. Es können hier also nur einzelne wichtige Zusammenhänge aus dem philosophischen Gesamtkonzept herausgeschnitten werden.

334. - Die Werke Heisenbergs werden nach den fünf Bänden der »Gesammelten Werke/Collected Works« (deutsch und englisch), hg. von *W. Blum/ H. P. Dürr/H. Rechenberg*, Abt. C, München 1984-1989, durch das Jahr des *ersten Erscheinens* (scil. der Abfassung), die Bandangabe in römischen Ziffern I bis V und daran anschließend in arabischen Ziffern die Seitenzahl in dem betreffenden Band zitiert.

3 Zu Max Plancks Kantianismus allgemein vgl. *C. Liesenfeld*, Philosophische Weltbilder des 20. Jahrhunderts. Eine interdisziplinäre Studie über Max Planck und Werner Heisenberg, Würzburg 1992 (Dies ist eine Umformung und Weiterentwicklung meiner Dissertation: Gottesvorstellungen von Physikern des 20. Jahrhunderts - Max Planck und Werner Heisenberg, Konstanz 1988 [Mikrofilm]).

Der Kantsche Gott wird in seiner *Kritik der praktischen Vernunft* aus der Frage nach den *ethischen Normen* entwickelt, oder besser aus einem *Ethisch-Absoluten*, das *vor* aller Erfahrung unser Handeln leiten und orientieren sollte. Kant nennt dies das *regulative Prinzip*. - In ähnlicher Weise kann in seiner *Kritik der reinen Vernunft* nach einem *Naturwissenschaftlich-Absoluten* gesucht werden, das Absolute als das unabhängig Gültige, Bleibende, Unvergängliche.

Für das Ethisch-Absolute wie für das Naturwissenschaftlich-Absolute gilt, daß aus dem Fortlauf der Argumentation Kants nach seiner eigenen Aussage eine *notwendige Existenz* Gottes oder des Absoluten *nicht* abgeleitet werden kann, da man in einem letzten Glied in der Kette fortlaufenden Begründens die Ebene des *prinzipiell Erfahrbaren* schon verlassen hat.[4] *Daß* die Existenz Gottes mit Vernunftgründen nicht erwiesen werden kann, besagt aber nicht, daß es Gott nicht gäbe, sondern allenfalls, daß wir über sein Dasein bestenfalls *näherungsweise* etwas aussagen können. Nach dem Argument der *Kritik der praktischen Vernunft* erscheint uns der Gott schließlich als *Postulat*, das zur Möglichkeit eines »höchsten Guts« unentbehrlich ist. Dies wird im folgenden und im Zusammenhang mit Plancks Gottesbegriff noch deutlicher werden.

Die Suche nach Plancks Gottesvorstellung beginnt mit einem scheinbaren Widerspruch: Von 1920 bis zu seinem Tode 1947 war Planck als Mitglied im Ältestenrat der evangelischen Kirchengemeinde von Berlin Grunewald aktiv! Also ein Christ? Auf der anderen Seite existieren noch mehrere Briefe Plancks gleichen oder ähnlichen Inhalts, die dem widersprechen, und von denen ich hier einen zitieren möchte. Im Jahre 1947 war nämlich das Gerücht entstanden, Planck sei zum Katholizismus übergetreten, was manch besorgten Zeitgenossen zu einer persönlichen Anfrage bei Planck veranlaßte. Plancks Antwort - beispielsweise an den Regensburger Ingenieur Wilhelm Kick am 18.6.1947 - lautet wie folgt:

4 Dies wird vor allem in den *Antinomien* der reinen wie der praktischen Vernunft entwickelt.

»In Beantwortung Ihres Schreibens vom 10. 6. 47 kann ich Ihnen mitteilen, daß ich selbst von jeher tief religiös veranlagt bin, daß ich aber nicht an einen persönlichen Gott, geschweige denn an einen christlichen Gott glaube.«[5]

Dieser offenbare Widerspruch läßt sich nun aus der Kantschen Philosophie auflösen: Kant unterscheidet nämlich in seiner Schrift *Die Religion innerhalb der Grenzen der bloßen Vernunft* den *reinen Religionsglauben* - dem sein eigener Gottesbegriff zugehört - vom *statutarischen Kirchenglauben* als dem *historisch gewachsenen* und konfessionell praktizierten, das heißt erfahrbaren Glauben. Und ein solcher ist auch das Christentum. Der »reine Religionsglaube« dagegen ist diejenige Form der Religiosität, die keiner historischen Gründerpersönlichkeit bedarf, sondern deren Quelle einem jeden - so Kant - in Form des *»moralischen Gesetzes in mir«* mitgegeben ist. Daher liegt es nunmehr auf der Hand, *an* dieser höchsten und allgemeinsten Form der Religiosität alle historischen Ausprägungen, das heißt den statutarischen Kirchenglauben, zu *messen* und zu *bewerten*.

Und dies möchte auch der Maßstab in Plancks religiöser Betätigung sein, denn als ein Kirchenglaube hat auch das Christentum »seinen höchsten Ausleger im reinen Religionsglauben«, wie es bei Kant heißt. Das Ziel jeder religiösen Aktivität muß daher in der Bemühung um eine *Hinführung des Kirchenglaubens zum reinen Religionsglauben* bestehen, was aber nur in der Weise geschehen kann, daß man den Kirchenglauben nach und nach *von seinen vergänglichen Formen befreit* und schließlich den »Bau ohne das Gerüst«[6], das heißt den reinen Religionsglauben, übrigbehalte. Auch in diesem Sinne dürfen Plancks Worte in seinem Brief an Eduard Study vom 21. 12. 1913 verstanden werden, wo er von den »Bemühungen weiterblickender Theologen, aus der Lehre Jesu die *ewigen Werte* zu lösen«, spricht.

Als Beispiel von Ethisch-Absolutem mag (auf dem Hinter-

5 Zitiert nach: *W. Kick,* Max Planck und die Religion, in: Licht und Weg. Blätter für freie Religion, Humanität und Lebensführung 5, 1953, N 6, 103-106.

6 Vgl. den Brief Kants vom 28. 4. 1775 an Johann Caspar Lavater, in: *O. Schöndörffer* (Hg.), Kants Briefwechsel 1, Leipzig 1924, 136.

grund des Kategorischen Imperativs) das Problem der Lüge herausgegriffen werden, wie es Kant in seiner Schrift *Über ein vermeintes Recht, aus Menschenliebe zu lügen* behandelt. Hier geht es um die Frage nach der Pflicht zur Wahrheit in einem Falle, da ein Mörder uns fragt, ob unser von ihm verfolgter Freund sich in unser Haus geflüchtet habe.[7] Kant wendet sich auch hier gegen die Lüge, wie Planck sich entsprechend in seinen zahlreichen Vorträgen und Schriften immer wieder in aller Deutlichkeit gegen jegliche Form von Lüge ausgesprochen hat.

Die Schrift *Über ein vermeintes Recht, aus Menschenliebe zu lügen* ist nun - wenn man so will - genau auf den Fall von Planck und dessen Sohn Erwin zugeschnitten: Plancks jüngster Sohn Erwin war ihm stets sein »liebstes Kind und bester Freund«; auch dieser Sohn war mit ziemlicher Sicherheit der Philosophie Kants ganz und gar verbunden. Die Zeit des Dritten Reichs führte beide, den Vater und den Sohn, zu sehr großen Problemen, in denen die Festigkeit der ethischen Maxime seiner kantianischen Weltanschauung auf die vielleicht härteste denkbare Probe gestellt werden sollte. Dazu lesen wir zunächst bei Armin Hermann:

> »Als Staatssekretär im Reichskanzleramt hatte Erwin Planck noch am Tag der Machtergreifung sein Amt zur Verfügung gestellt. Er hielt Verbindung mit Politikern und Offizieren, die in scharfer Opposition zum Nationalsozialismus standen. Mit tiefer Besorgnis verfolgte er die Entwicklung.«[8]

Als Mitwisser der Verschwörung gegen Hitler, an der er selbst aber nicht beteiligt war, wurde Erwin Planck dann im Jahre 1944 verhaftet und zum Tode verurteilt. Bei Otto Dibelius heißt es dazu weiter:

7 Kant, als ein großer Gegner der Lüge überhaupt, beruft sich an anderer Stelle dazu sogar auf die Bibel: »Es ist merkwürdig, daß die Bibel das erste Verbrechen, wodurch das Böse in die Welt gekommen ist, nicht vom *Brudermorde* (Kains), sondern von der ersten *Lüge* datiert [...], und als dem Urheber *alles* Bösen den Lügner von Anfang [...] nennt!« (*I. Kant,* Metaphysik der Sitten, Tugendlehre, A 87.)

8 *A. Hermann,* Max Planck in Selbstzeugnissen und Bilddokumenten dargestellt, Reinbek ^{3}1980, 101.

»Man ließ den Vater wissen, sein Sohn könne begnadigt werden, wenn er, der weltberühmte Gelehrte, eine Ergebenheitsadresse für Adolf Hitler unterschriebe. Es war eine der schwersten Entscheidungen, vor die ein Vater gestellt werden kann. Max Planck unterschrieb nicht. Er konnte nicht gegen sein Gewissen handeln und wußte sich darin einig mit seinem Sohn. Am 27. Januar 1945 wurde Erwin Planck hingerichtet.«[9]

Planck hat also entsprechend seiner ethischen Maxime an der Wahrhaftigkeit und Ehrlichkeit festgehalten - ganz im Sinne der zahlreichen Aussagen, die er hierzu schon lange vorher immer wieder in Vorträgen geäußert hatte und versuchte, mit den Methoden, die ihm im Sinne der Kantschen Forderungen von Aufrichtigkeit und gewissenhafter Pflichterfüllung - und damit unter Verzicht auf eine aus Menschenliebe ausgesprochene Lüge - möglich waren, die Begnadigung seines Sohnes, der in dieser Angelegenheit offenbar keine Schuld trug, zu erreichen.

Seinen Trost suchte Planck in der Musik - er selbst spielte hervorragend Klavier -, die ihm Zeit seines Lebens auch den inneren Halt bewahren, ihm die erforderliche seelische Ruhe in den Nöten der täglichen Arbeit und die freudige Sorglosigkeit im Zusammensein mit Freunden und Bekannten gewährleisten konnte.

Wenden wir uns der *physikalischen Seite* von Plancks Weltbild und damit dem anderen Bereich eines Zugangs zu Gott zu. Wie es in der *Ethik* beziehungsweise der *religiös-sittlichen* Welt die oben besprochenen »absoluten Werte« gibt, denen eine »absolute, von jedem besonderen Standpunkt der Betrachtung *unabhängige* Bedeutung«[10] zuerkannt wird, so gibt es in der exakten Wissenschaft »absolut richtige und endgültige Sätze« und »universelle Konstanten«, die unabhängig von Ort, Zeit oder Meßmethode

9 *O. Dibelius*, Max Planck, Vermächtnis. Naturwissenschaft und Glaube, in: Zuversicht. Mitteilungen der evangelischen Kirchengemeinde Nikolassee Berlin, Januar 1984.

10 *M. Planck*, Vorträge und Erinnerungen, Darmstadt 1983, darin: Scheinprobleme der Wissenschaft, hier 361.

ihre unbedingte Gültigkeit behalten. Zu diesen *universellen* Konstanten gehören zum Beispiel die Lichtgeschwindigkeit im Vakuum *c* oder das Plancksche Wirkungsquantum *h*. Diese universellen Konstanten sind »nicht aus Zweckmäßigkeitsgründen erfunden worden, sondern sie haben sich mit unwiderstehlichem Zwang aufgedrängt durch die übereinstimmenden Resultate sämtlicher einschlägiger Messungen, und, was das Wesentliche ist, wir wissen im Voraus genau, daß alle künftigen Messungen auf die nämlichen Konstanten führen werden.«[11]

Diese Konstanten sind das »eigentlich substantielle«, die »unveränderlichen Bausteine«.[12] Neben diesen Konstanten kommt aber auch verschiedenen Prinzipien eine absolute Stellung zu, wie etwa dem *Energieprinzip* oder dem *Prinzip der kleinsten Wirkung*. Welch große Rolle eben diese Prinzipien für Plancks Religiosität spielen, läßt sich hier noch kaum ermessen. In Plancks Ansprache vom 29. 6. 1922 heißt es dazu:

> »Die gegenwärtige Physik, soweit sie theoretisch durchgebildet ist, wird vollständig beherrscht von einem System von raumzeitlichen Differentialgleichungen, welche besagen, daß ein jeder Vorgang in der Natur vollständig bestimmt ist durch die Vorgänge in seiner unmittelbaren zeitlichen und räumlichen Nachbarschaft. Dieses ganze reiche System von Differentialgleichungen, die im einzelnen recht verschieden sind, da sie sich auf mechanische, elektrische, magnetische, thermische Vorgänge beziehen, ist aber vollständig enthalten in einem einzigen Satze, dem Prinzip der kleinsten Wirkung, welches kurz gefaßt besagt, daß unter gewissen als möglich gedachten Vorgängen stets gerade derjenige in Wirklichkeit stattfindet, welcher mit dem Mindestaufwand von Aktion oder Wirkungsgröße verbunden ist. Man sieht, es bedarf nur eines kleinen Gedankenschritts, um in der Bevorzugung der kleinsten

11 *M. Planck*, Vorträge und Erinnerungen, Darmstadt 1983, darin: Religion und Naturwissenschaft, hier 327.

12 *M. Planck*, Vorträge und Erinnerungen, Darmstadt 1983, darin: Die Stellung der neueren Physik zur mechanischen Naturanschauung, hier 66.

Wirkungsgröße das Walten der göttlichen Vernunft [...] zu erkennen.«[13]

Und an anderer Stelle schildert Planck die Wirkung der ihm wichtigsten Prinzips der kleinsten Wirkung auf seine Entdecker Leibniz und Maupertuis:

»Es ist gewiß nicht verwunderlich, daß die Entdeckung dieses Gesetzes, des sogenannten Prinzips der kleinsten Wirkung, nach welchem später auch das elementare Wirkungsquantum seinen Namen bekommen hat, seinen Urheber Leibniz, ebenso wie bald Maupertuis, in helle Begeisterung versetzt hat, da diese Forscher darin das greifbare Zeichen für das Walten einer höheren, die Natur allmächtig beherrschenden Vernunft gefunden zu haben glaubten.«[14]

Kann man nun, so bleibt diesen Teil beschließend zu fragen, hier eine Gotteserfahrung wittern? Ich bin eher geneigt, an dieser Stelle allenfalls von einer *Ahnung* des Göttlichen zu sprechen, von dem Überwältigtsein durch das, was erfahrbar ist, auch wenn es wieder nicht der Gott selbst ist. Denn dieser gehört weder bei Kant noch bei Planck in den Bereich des Erfahrbaren. Weder das »Ding an sich« noch »Gott« sind empirische Begriffe. Aber vielleicht kann man mit den Worten Kants schließen, die Sie selber sicher kennen und die Planck selbst zitiert: »Zwei Dinge erfüllen das Gemüt mit immer neuer und zunehmender Bewunderung und Ehrfurcht, je öfter und anhaltender sich das Denken damit beschäftigt: Der bestirnte Himmel über mir, und das moralische Gesetz in mir.«[15]

Das sind die beiden Felder, die das Göttliche wenn nicht *er-*

13 Max Planck in seinen Akademie-Ansprachen. Erinnerungsschrift der Deutschen Akademie der Wissenschaften zu Berlin, Berlin 1948, 43.

14 *M. Planck*, Vorträge und Erinnerungen, Darmstadt 1983, darin: Religion und Naturwissenschaft, hier 329 f. - Zum Streit zwischen Leibniz und Maupertuis über das Prinzip der kleinsten Wirkung vgl. *K. Mainzer*, Friedrich der Große und der Krieg der Philosophen. Zum Verhältnis von Physik, Philosophie und Religion bei Leibniz bis zur Aufklärung, in: Annali dell'Istituto storico italo-germanico in Trento - Jahrbuch des italienisch-deutschen Instituts Trient 11, 1985, 103-140.

15 *I. Kant*, Kritik der praktischen Vernunft, A 288.

fahren, so doch *ahnen* lassen. In diesem Sinne darf schließlich auch Plancks Aussage verstanden werden, in der er die »Weltordnung der Naturwissenschaft« und den »Gott der Religionen« miteinander identifiziert.[16]

2. Zu Einsteins Spinozismus[17]

Wie außerordentlich weittragend die gedankliche Verwandtschaft Einsteins zu Spinoza sich zeigt und bis in welche Bereiche hinein sie wirksam und erkennbar ist, ist erst in den letzten Jahren deutlich geworden. In der Zeit mindestens bis zu seiner *Speziellen Relativitätstheorie* 1905 fühlte sich Einstein nach seinen eigenen Aussagen philosophisch-erkenntnistheoretisch dem Positivismus eines David Hume oder Ernst Mach verbunden.[18] Kennengelernt hatte Einstein die Philosphie von Hume, Mach und Spinoza in den Jahren 1902 bis 1904, wo er sich mit seinen Freunden Conrad Habicht und dem Philosophen Maurice Solovine regelmäßig zur gemeinsamen Lektüre philosophischer Schriften traf, zu denen auch die *Ethica - more geometrico* Spinozas[19] gehörte.

Der *Gott* des Spinoza hat mit den gewohnten »personalen« Gottesvorstellungen nichts zu tun, sondern ist im üblichen Sinne als »pantheistisch« (von griechisch *pan* - »im ganzen, alles« und *theios* - »göttlich«) zu bezeichnen. Auf diesen Gott beruft sich Einstein selbst ausdrücklich und verwendet hier sogar den Begriff des sich »Offenbarens«: »Ich glaube an Spinozas Gott, der

16 *M. Planck*, Vorträge und Erinnerungen, Darmstadt 1983, darin: Religion und Naturwissenschaft, hier 331.

17 Zum Weltbild von Albert Einstein vgl. *M. Paty*, Einstein and Spinoza, in: *M. Grene/D. Nails* (Hg.), Spinoza and the Sciences (Boston Studies in the Philosophy of Science 91, 1986), 267-302. - Vgl. außerdem *C. Liesenfeld*, Einsteins Spinozismus, in: prima philosophia 4, 1991, 73-105.

18 Zu Machs Einfluß auf Einsteins Relativitätstheorie vgl. *G. Wolters*, Mach I, Mach II, Einstein und die Relativitätstheorie. Eine Fälschung und ihre Folgen, Berlin/New York 1987.

19 Zitiert nach: *B. de Spinoza*, Die Ethik. Lateinisch und Deutsch. Revidierte Übersetzung von J. Stern. Nachwort von B. Lakebrink, Stuttgart 1977; im folgenden abgekürzt durch E.

sich in der Harmonie des Seienden offenbart, nicht an einen Gott, der sich mit Schicksalen und Handlungen der Menschen abgibt. Die Spinozistische Auffassung ist mir immer nahe gewesen und ich habe diesen Mann und seine Lehre stets bewundert«[20], heißt es einmal, was an anderer Stelle noch weiter konkretisiert wird: »Jene mit tiefem Gefühl verbundene Überzeugung von einer überlegenen Vernunft, die sich in der *erfahrbaren* Welt offenbart, bildet meinen Gottesbegriff; man kann ihn also in der üblichen Weise als »pantheistisch« (Spinoza) bezeichnen.«[21]

Wie also sieht der Gott Spinozas aus? Auch der Spinozische Gottesbegriff ist nicht leicht zu erfassen. In seinem Hauptwerk, der *Ethik*, bilden die letzten und nicht weiter hinterfragbaren naturgesetzlichen Wirk- und Ordnungsprinzipien in allem den Gottesbegriff. Aus der göttlichen Erstursache folgt alles mit Notwendigkeit, das heißt, schlechthin alles ist auf bestimmte Ursachen zurückführbar und erklärbar. Es gibt weder Zufall noch einen freien Willen; alles ist kausal determiniert und folgt mit Notwendigkeit aus Gott: »Alles, was ist, ist in Gott, und nichts kann ohne Gott sein noch begriffen werden«, heißt es in der Proposition 15 von Spinozas *Ethik*.

Klarer und deutlicher wird Spinozas Gottesbegriff auf dem Hintergrund seiner eigentlichen Pantheismusformel *»Deus sive Natura«* (E IV, praef.), die er in einem Brief an Jakob Ostens von 1671 weiter erklärt: »Ich will hier nicht die Frage aufwerfen, warum es dasselbe ist oder nicht sehr voneinander verschieden, zu behaupten, alles gehe notwendig aus der Natur Gottes hervor oder das Universum sei Gott.«[22]

Was Spinoza hier mit »nicht sehr voneinander verschieden« meint, zeigt ein weiterer Brief an Heinrich Oldenburg vom November/Dezember 1675: »Wenn es aber Leute gibt, die meinen, der Theologisch-Politische Traktat gehe davon aus, daß Gott und

20 Zitiert nach: *C. Seelig*, Albert Einstein. Eine dokumentarische Biographie, Zürich usw. 1954, 187.

21 *A. Einstein*, Mein Weltbild, hg. von *C. Seelig*, Berlin 1968, 171.

22 *Baruch de Spinoza*, Briefwechsel, hg. von *M. Walther*, übersetzt von *C. Gebhardt*, Hamburg 1986, 196.

die Natur (*worunter sie eine Masse oder eine körperliche Materie verstehen*) eines und dasselbe seien, so sind sie ganz und gar im Irrtum.«

»Natur« ist somit *nicht* zu verstehen als eine Vielheit von materiellen Einzeldingen, sondern insofern sie göttlich ist, ist sie Ausdruck der Einheit aller Wirklichkeit, ist sie *causa immanens*: »Gott ist die immanente, nicht aber die übergehende Ursache [*causa transiens*].« (E I prop. 18) »Deus sive Natura« sagt also nichts anderes aus als eine Identität von Gott und Naturordnung, und in diesem Sinne wird auch Einstein jetzt zu verstehen sein.

Mit seiner Gottesvorstellung sah sich Einstein wie seinerzeit Spinoza gelegentlich dem Vorwurf des *Atheismus* ausgesetzt, ein Argument, das selbst aber doch nur Zeugnis gibt von einem möglicherweise dahinterstehenden *personalen* Gottesbegriff, der ein wirkliches *Verstehen* des pantheistischen Gottes offenbar nicht möglich macht. Denn, so die Aussage Einsteins, die kosmische Religiosität »läßt sich demjenigen, der nichts davon besitzt, nur schwer deutlich machen, zumal ihr kein menschenartiger Gottesbegriff entspricht«[23].

Mit dem Gottesbegriff Spinozas und Einsteins geht jetzt eine klare Ablehnung jeglicher Zuschreibung menschlicher oder menschenähnlicher, kurz *anthropomorpher* Eigenschaften einher. Spinoza diskutiert dies ausführlich im I. und IV. Buch seiner *Ethik*, wo er die Kluft zwischen *Absolutem* und dem Umgang des Menschen mit ihm deutlich macht; denn wie leicht geschieht es doch, daß der Mensch die Differenz, die zwischen Gott und den ihm vom Menschen zugedachten Eigenschaften besteht, von anderen, dem Gott »more geometrico« zukommenden Eigenschaften, nicht mehr zu unterscheiden fähig ist.

Indem Spinoza hier von den »*Vorurteilen*« der Menschen, die dem Verständnis seiner Beweise im Wege stehen, spricht, stellt er insbesondere die Frage nach der *Zweckbestimmheit* der Natur in den Vordergrund, »weil alle Vorurteile [...] von einem abhängen, nämlich davon, daß die Menschen gewöhnlich annehmen, alle Dinge in der Natur handelten, wie sie selbst, um eines

23 *A. Einstein*, Mein Weltbild, hg. von *C. Seelig*, Berlin 1968, 171.

Zweckes willen, ja daß sie von Gott selbst mit aller Bestimmheit behaupten, er leite alles zu einem bestimmten Zwecke - sagen sie doch, Gott habe alles um des Menschen willen gemacht«! (E I, app.)

Diese Lehre stellt die Universalität göttlicher Kausalität auf den Kopf: »Denn sie betrachtet als Wirkung, was in Wahrheit Ursache ist, und umgekehrt. Ferner macht sie das, was von Natur früher ist, zum Späteren.« (E IV, praef.) Gleichzeitig wäre eine Zweckbestimmung unbedingt eine Verkürzung göttlicher Absolutheit: »Denn wenn Gott um eines Zweckes willen handelt, so begehrt er notwendig etwas, das er entbehrt.« (E IV, praef.)

Ein krasser Widerspruch zur *Vollkommenheit* Gottes oder der Natur! Und in diesem Sinne gestalten sich jetzt auch die Argumente Einsteins: »Ich habe nie der Natur eine Absicht oder einen Zweck zugeschrieben, überhaupt nichts anthropomorphisch zu Deutendes.«[24]

Der Gott Spinozas und Einsteins ist daher nicht personal, wie es bei Spinoza zu lesen ist: »Manche stellen sich Gott wie einen Menschen vor, aus Körper und Geist bestehend und den Leidenschaften unterworfen. Wie weit diese aber von der wahren Erkenntnis Gottes entfernt sind, ergibt sich aus dem, was bereits bewiesen worden ist, zur Genüge.« (E I, prop. 15, schol.)

Weiter oben heißt es: »So schreiben auch die, welche die göttliche Natur mit der menschlichen vermengen, ohne Bedenken Gott menschliche Affekte zu.« (E I, prop. 8, schol. 2) - Nicht anders bei Einstein, um nur ein Beispiel zu nennen: »Die religiösen Genies aller Zeiten waren durch diese *kosmische* Religiosität ausgezeichnet, die keine Dogmen und keinen Gott kennt, der nach dem Bilde des Menschen gedacht wäre [...] Andererseits aber behaupte ich, daß die kosmische Religiosität die stärkste und edelste Triebfeder wissenschaftlicher Forschung ist.«[25]

Von dem Gottesbegriff oder der »substantia« ausgehend, kann das Ganze der Wirklichkeit nach Maßgabe des *Determinismus* als der Lehre von der restlosen kausalen Abhängigkeit im folgenden

24 Zitiert nach: *H. Dukas/B. Hoffmann* (Hg.), Albert Einstein - The human side. New glimpses from his archives, Princeton 1979, 132.

25 *A. Einstein*, Mein Weltbild, hg. von *C. Seelig*, Berlin 1968, 16 f.

deduktiv entwickelt werden, und damit ist für Einstein die erkenntnistheoretische Orientierung in Wissenschaft *und* Ethik kurz anskizziert. In gleichem Maße, wie die physikalisch-körperlichen Dinge determiniert sind, ist auch der Mensch selbst in all seinem Tun determiniert: »Der Wille kann nicht freie, sondern nur notwendige Ursache genannt werden« (E I, prop. 32), heißt es bei Spinoza, wobei auch Gott (!) selbst nicht aus Willensfreiheit wirkt (E I, prop. 32 cor 1); denn andernfalls - wie oben im Zusammenhang der Zweckbestimmung - begehrte er etwas, das er entbehrt - ein Widerspruch zu seiner Vollkommenheit! Diesem determinierten Willen wird aber eine wesentliche Rolle zukommen in dem, was die *Ethik* in der »Ethica« des Spinoza sehr wesentlich bestimmt und prägt.

Auch Einstein übernimmt die Determinierung des menschlichen Willens in sein spinozistisches Weltbild, wobei auch für ihn diese Philosophie in der Auseinandersetzung vor allem mit den Anfeindungen von seiten der sogenannten »jüdischen Physik« und dem Antisemitismus des Nationalsozialismus in Deutschland bestimmend sein wird und ihm die ruhige Gelassenheit des Spinozisten gibt.

Ohne Zweifel macht sich Einstein mit dem Gedanken der Determinierung des Willens auch die *Motivation* zu eigen, welche in einem solchen Gedanken liegt: nämlich die *Ethik*. In Einsteins *Mein Weltbild* beispielsweise können wir dazu lesen:

> »An Freiheit des Menschen im *philosophischen* Sinne glaube ich keineswegs. Jeder handelt nicht nur unter äußerem Zwang, sondern auch gemäß innerer Notwendigkeit. Schopenhauers Spruch: 'Ein Mensch kann zwar tun, was er will, aber nicht wollen, was er will', hat mich seit meiner Jugend lebendig erfüllt und ist mir beim Anblick und beim Erleiden der Härten des Lebens immer ein Trost gewesen und eine unerschöpfliche Quelle der Toleranz. Dieses Bewußtsein mildert in wohltuender Weise das leicht lähmend wirkende Verantwortungsgefühl und macht, daß wir uns selbst und die anderen nicht gar zu ernst nehmen; es führt zu einer

Lebensauffassung, die auch besonders dem Humor sein Recht läßt.«[26]

Damit wollen wir jetzt überleiten zu dem, was bei Spinoza den Titel seines Hauptwerkes, die *Ethica*, schließlich rechtfertigt, das aber auf den ersten Blick vielleicht nicht, auf den letzten aber mit Sicherheit erkennbar ist. Hier werden Determinismus und Freiheit sich als leitende Prinzipien von »Ethik« und das heißt von »Religion« erweisen. Für die Frage der »Gotteserfahrung« ist auch diese Lehre von Bedeutung.

Die Spinozistische Ethik ist eine Ethik *für den Menschen* und zugunsten seines Wohlergehens. Der Ausgangspunkt findet sich im *Streben des Menschen nach Selbsterhaltung*: »Jedes Ding strebt, soviel an ihm liegt, in seinem Sein zu verharren (*in suo esse perseverare*)«, heißt es bei Spinoza (E III, prop. 6) und bei Einstein in seiner Schrift *Aus meinen späten Jahren* entsprechend. Vielleicht ist es die Einzigartigkeit der Spinozischen Ethik, daß sie *frei von jeder Form des Selbstbetruges* den Ausgangspunkt im, sagen wir jetzt »natürlichen« Bestreben des Menschen erkennt. Das Gute oder das Schlechte sind dem entsprechend nichts Positives an den Dingen selbst (E IV, praef.), so daß »wir nichts erstreben, wollen, verlangen oder begehren, weil wir es für gut halten, sondern daß wir umgekehrt etwas für gut halten, weil wir es erstreben, wollen, verlangen oder begehren« (E III, prop. 9, schol.).

Hieraus ist bald auch das höchste Gute (*summum bonum* bei Spinoza) zu erschließen, und daran bleibt schließlich Religion orientiert. Denn von Natur aus verlangt ein jeder, daß alle nach seinem Sinne leben sollen, was allerdings höchstens bewirkt, daß alle sich gleich hinderlich sind. (Vgl. E III, prop. 32, schol.) Es bedarf also des Einsatzes der *Vernunft*, um alsbald zu erkennen, daß jeder zur Erhaltung seines Daseins anderer bedarf, wobei das »denkbar Vorzüglichste« darunter dasjenige ist, was »ganz und gar mit unserer Natur übereinstimmt«, also der *Mensch*: »Es ist daher dem Menschen nichts nützlicher als der Mensch«, heißt es bei Spinoza (E IV, prop. 18) und bei Einstein entsprechend:

26 *Ebd.*, 7.

»Wenn wir über unser Leben und Streben nachdenken, so bemerken wir bald, daß fast all unser Tun und Wünschen an die Existenz anderer Menschen gebunden ist [...]; man ist da für die anderen Menschen.«[27]

Nachdem bei Spinoza und bei Einstein ein *Übergang vom individuellen zum allgemeinen Wert* kraft der Leitung durch die Vernunft vollzogen wurde, kann jetzt der Übergang von der allgemeinen Ethik zur Religion erfolgen. Da nämlich, wo all unser Handeln im Sinne der Ethik des Spinoza an Gott selbst orientiert wird, dort sind wir im Sinne von Spinoza und Einstein religiös: »Alles [...], was wir wünschen und tun, dessen Ursache wir sind, insofern wir eine Idee von Gott haben oder insofern wir Gott erkennen, rechne ich zur Religion«, heißt es bei Spinoza (E IV, prop. 37, schol. I). Damit ist der Spinozische Religionsbegriff so gewählt, daß er sowohl die traditionellen Religionen teilweise als auch seine eigene Vernunft-Religion in sich begreift. Der Wert einer kirchlichen Religion bleibt selbst am Ideal Spinozischer Religionsethik orientiert. Einstein äußert sich in diesem Sinne: »Konfessionelle Traditionen kann ich nur historisch und psychologisch betrachten; ich habe zu ihnen keine andere Beziehung.«[28]

Die Leitlinien des Handelns, nach denen jeder einzelne sein Leben am besten für sich und die anderen einrichten kann, sind dennoch auch mit den Religionen des Christentums, Judentums und anderer gegeben, sofern man sie von ihrem vergänglichen konfessionellen Beiwerk befreit. Was bei Spinoza im *Theologisch-Politischen Traktat* sich findet, faßt Einstein im ersten Teil seines Artikels »Über Naturwissenschaft und Religion« wie folgt zusammen:

»Die obersten Grundsätze unseres Strebens und Wertens sind für uns in der jüdisch-christlichen religiösen *Tradition* [!] gegeben. Es ist ein hohes Ziel, dessen Erreichung unseren schwachen Kräften nur in sehr unvollkommener Weise möglich ist, das aber unserem

27 *Ebd.*, 11.7.
28 *Ebd.*, 171.

Streben und Werten eine sichere Basis gibt. Wenn man diese Zielsetzung ihrer religiösen Formen entkleidet und *nur auf die rein menschliche Seite achtet*, mag man sie so ausdrücken: Freie und selbstverantwortliche Entfaltung des Individuums, damit es seine Kräfte froh und freiwillig in den Dienst der Gemeinschaft aller Menschen stelle.«[29]

Das Kriterium eines »Macht mich das zu einem besseren Menschen?« bleibt aber auch im Spinozismus Einsteins ein rein menschlicher Maßstab: »Moral ist eine höchst wichtige Sache, aber für uns, nicht für Gott.«[30]

Es ist an dieser Stelle vielleicht ganz interessant, diese Aussage Einsteins mit der entsprechenden Formulierung Plancks zu vergleichen: Planck will die konfessionellen Religionen ihres »menschlichen Beiwerkes« entkleiden, um die *absoluten Werte der reinen Vernunftreligion Kants* zurückzubehalten. Einstein dagegen findet den Wert traditioneller Religionen allein in dem, was den *Menschen* betrifft, also gerade darin, was Planck zu eliminieren bestrebt war.

Das Kapitel über Einstein mag jetzt mit einem Zeugnis von »Gotteserfahrung« beendet werden, das von ähnlichem Charakter ist wie seine oben zitierte Aussage, der pantheistische Gott offenbare sich in der Harmonie des Seienden, und das darüber hinaus auch das *Gefühl* eines Aufgehobenseins in der göttlichen Natur sehr schön demonstriert: »Der Anblick des Meeres ist unbeschreiblich großartig, besonders wenn Sonne darauf fällt. Man ist wie aufgelöst in die Natur. Man fühlt die Belanglosigkeit des Einzelgeschöpfes noch mehr als sonst und ist froh dabei.«[31]

29 *A. Einstein,* Aus meinen späten Jahren, Frankfurt a.M. usw. 1984, 39.
30 Zitiert nach: *H. Dukas/B. Hoffmann* (Hg.), Albert Einstein - The human side. New glimpses from his archives, Princeton 1979, 142.
31 Zitiert nach: *ebd.,* 127.

3. Zu Heisenbergs Platonismus[32]

Daß die *philosophiegeschichtliche Vorlage* des Weltbildes von *Werner Heisenberg* (1901-1976) bei Platon zu suchen sei, untersteht keinerlei Zweifel; allein die *Tragweite* seines Platonismus führt bereits selbst zu einer Form der Philosophie für sich. Denn die Affinitäten reichen von der *Kosmologie* über die *Sprachphilosophie* und die *Seelenlehre* (!) bis zur *Religion* und dem *Gottesbegriff*, wobei auch hier interessanterweise das Charakteristikum antiken Philosophierens, die »ungeteilte Rationalität« (Mittelstraß), in unserer Welt der weitgehend »geteilten Rationalität« zum Ausdruck kommen kann! Indem man sein Weltbild philosophisch aufarbeitet und weiterdenkt, wird man sicher Heisenberg auch selbst als einen nicht zu unterschätzenden *Philosophen* unserer Tage bezeichnen dürfen!

Kennengelernt hat Heisenberg die Platonische Philosophie in der Schule, wo im Griechischunterricht der Originaltext des *Timaios* studiert wurde. Auf diesen Platonischen Dialog gründet sich im wesentlichen die physikalische Heuristik wie auch - damit ineins - der Gottesbegriff Heisenbergs: »Am Anfang war die Symmetrie«![33]

In diesem Platonischen Dialog *ordnet* (!) der göttliche Meister (*demiourgos*) den Kosmos durch die ideenhaften Symmetrien (beziehungsweise weiter oben steht »durch Formen und Zahlen« - *eidesi kai arithmois*), denen somit der Charakter eines universellen Prinzips von Weltordnung und Weltgestaltung überhaupt zukommt. In der modernen Physik sind es auch *Symmetrien*, durch welche letztlich der Kosmos organisiert ist: diese Symmetrien sind von unseren anschaulichen Vorstellungen zunächst weit entfernt, weisen aber in ihrer mathematischen Struktur auf jeden Fall den uns bekannten Zug von Symmetrie auf, nämlich die *Invarianzeigenschaft gegenüber Transformationen*, was - am

32 Vgl. zu Heisenbergs platonischem Weltbild allgemein *C. Liesenfeld*, Philosophische Weltbilder des 20. Jahrhunderts. Eine interdisziplinäre Studie über Max Planck und Werner Heisenberg, Würzburg 1992, sowie *dies.*, Heisenbergs platonische Sprachphilosophie, in: prima philosophia 4, 1991, 353-373.

33 *W. Heisenberg*, III 185.324 und öfter.

Beispiel der regulären Körper der Platonischen Kosmologie - heißt, daß eine Drehung *den* regulären (symmetrischen) Körper in seiner Form nicht verändert (Beispiel Drehung des Würfels). Solche Invarianzen sind entsprechend mathematisch beschreibbar, wo etwa eine Vorzeicheninvarianz [einfaches Beispiel: $f(x) = x^2 = (-x^2) = f(-x)$] vorliegt. Die Symmetrien der modernen Physik sind vergleichsweise komplizierter und entbehren im üblichen Sinne der Anschaulichkeit; die *wesentliche* - auch unter den heutigen Physikern nicht einheitlich beantwortete - Frage aber, die mit Heisenberg zu stellen ist, wäre die nach dem *Wirklichkeitsstatus dieser Symmetrien*, was kurz gesagt in die Frage mündet, ob solche Invarianzen ontologisch verstanden ein *»echter Zug der Natur«* (so die Interpretation Heisenbergs) oder epistemologisch lediglich eine *mathematische Beschreibung* physikalischer Phänomene sind. Die Offenheit der Resultate der Quantenmechanik für Interpretationen läßt auch diese Frage unbeantwortet; sie ist zumindest vorläufig empirisch nicht entscheidbar.

Ein zweiter Aspekt ist es, durch den der Platonische Gottesbegriff beschreibbar ist: die Platonische Lehre von der *anamnesis*, der »Wiedererinnerung«, der - in Platonischer Sprache - präexistenten göttlichen *Ideen* für die Erkenntnis, worauf Heisenberg selbst verschiedentlich hinweist. Diese Anamnesis-Lehre Platons findet sich vor allem im *Menon* (80d 6 - 86c 5) sowie vereinzelt im *Phaidros* (246a 3 - 253c 6) und im *Phaidon* (72e 3 - 76d 5 beziehungsweise 78b 1). Danach gibt es keine Erkenntnis im eigentlichen Sinne, sondern nur Erinnerung (*anamnesis*) an die von der Seele bereits *vor* dem irdischen Dasein geschauten Ideen, »so daß wir notwendig von diesem allen die Erkenntnisse, schon ehe wir geboren wurden, erhalten haben«.[34]

Dem entspricht es auch völlig, wenn Heisenberg in seiner autobiographischen Schrift *Der Teil und das Ganze* sagt: »Es sind die gleichen ordnenden Kräfte, die die Natur in allen ihren Formen gebildet haben und die für diese Strukturen unserer See-

34 *Platon*, Phaidon 75d 3-5.

le (!), also auch unseres Denkvermögens, verantwortlich sind.«[35] Auf diesem Hintergrund ist - nebenbei bemerkt - auch Heisenbergs Faible für die Evolutionäre Erkenntnistheorie in der Darstellung von Konrad Lorenz' *Die Rückseite des Spiegels* zu verstehen. Dieses Buch empfiehlt er seinen Lesern ausdrücklich.

Auf dem Hintergrund der Platonischen Lehre von der gottgewirkten ideenhaften Kosmosordnung und der ebenso gearteten Vorstrukturierung der menschlichen »Seele« kann das Bekenntnis Heisenbergs über seinen eigenen Gottesglauben angegangen werden. Dort heißt es nämlich - selbst im platonischen Dialog mit seinem Freund Wolfgang Pauli -:

> »Als wir eine Weile am Ende der Mole gestanden hatten, fragte Wolfgang mich ziemlich unvermittelt: 'Glaubst Du eigentlich an einen persönlichen Gott? Ich weiß natürlich, daß es schwer ist, einer solchen Frage einen klaren Sinn zu geben, aber die Richtung der Frage ist doch wohl erkennbar.' 'Darf ich die Frage anders formulieren?' erwiderte ich. 'Dann würde sie lauten: Kannst du oder kann man der *zentralen Ordnung* der Dinge oder des Geschehens, an der ja nicht zu zweifeln ist, so unmittelbar gegenübertreten, mit ihr so unmittelbar in Verbindung treten, wie dies bei der *Seele* eines anderen Menschen möglich ist? Ich verwende hier ausdrücklich das so schwer deutbare Wort 'Seele', um nicht mißverstanden zu werden. Wenn du so fragst, würde ich mit Ja antworten [...]' 'Du meinst also, daß dir die zentrale Ordnung mit der gleichen Intensität gegenwärtig sein kann wie die Seele eines anderen Menschen?' 'Vielleicht.' 'Warum hast du hier das Wort 'Seele' gebraucht und nicht einfach von einem anderen Menschen gesprochen?' 'Weil das Wort *'Seele' eben hier die zentrale Ordnung, die Mitte bezeichnet bei einem Wesen*, das in seinen Erscheinungsformen sehr mannigfaltig und unüberschaubar sein mag'.«[36]

35 *W. Heisenberg*, 1969 III 142.
36 *W. Heisenberg*, 1969 III 292 f.

Diese Worte sind *allein* auf dem Fundament der Platonischen Philosophie zu verstehen und demonstrieren umgekehrt in sehr schöner Weise, wie im 20. Jahrhundert erneut platonisch gedacht und gelebt werden kann.

Wie aber kann dieser Platonische Gott »erfahren« werden? Doch nur aus seiner »Wirkung«, aus seinen »Werken«, der Kosmosordnung. Solches ist uns mit Heisenbergs einheitlicher Materiegleichung gegeben, die sich durch außerordentliche mathematische Schönheit und Einfachheit auszeichnet, ein möglichst umfassendes Gesetz von höchstmöglicher Symmetrie, das aus diesen Gründen von Journalisten die »Weltformel« genannt wurde. Mit dieser einheitlichen Materiegleichung hat Heisenberg viel mehr empfunden, als uns heute, in einer Zeit, da diese »Weltformel« nahezu bedeutungslos geworden ist, verständlich werden könnte. Wir finden uns aber sicher in der Lage, die Worte zu verstehen, die uns seine Gattin, Elisabeth Heisenberg, übermittelt: Zu ihr sagte er über seine Wissenschaft »mit lächelnder Gewißheit: 'Ich habe das Glück gehabt, dem lieben Gott bei seiner Arbeit einmal über die Schulter schauen zu dürfen!«[37] Hier sind erneut die beiden Aspekte der göttlichen Ordungskraft in Erscheinung getreten; nicht nur die symmetrische Gesamtordnung der erfahrbaren Welt, sondern *im Erkennen* dieser Ordnung auch der oben skizzierte Aspekt der *anamnesis*: Im Erkennen der *anamnesis* tritt diese ordnende Vorstrukturierung in das Bewußtsein, wie Heisenberg es selbst beschreibt:

> »Dabei berührt uns diese andere Welt doch auch wieder als etwas, das wir längst kennen, das uns von Anbeginn des Lebens vertraut gewesen ist. So [...] berührt uns der Atem jener anderen Welt, als sei er uns schon *in einer aller Erinnerung entrückten* Zeit begegnet.«[38]

Mit diesen Worten Heisenbergs möchte ich meinen Vortrag

37 *E. Heisenberg*, Das politische Leben eines Unpolitischen. Erinnerungen an Werner Heisenberg, München ^{3}1983, 188.
38 *W. Heisenberg*, 1942 I 296.

beenden. In allen drei Beispielen konnte nur ein kleiner Ausschnitt gegeben werden aus einem sehr großen Komplex von lebensphilosophischer Geschlossenheit. Das Thema der »Gotteserfahrung« wird sich, gerade wenn es um derart anspruchsvolle Formen philosophischer Weltbilder von Physikern geht, kaum weiter beantworten lassen. Vieles, das hier nur mit den Worten »Überwältigtsein« und »Faszination« benannt werden konnte, bleibt unverständlich, solange die »Schönheit mathematischer Formen der Natur« oder die »Einfachheit großer natürlicher Zusammenhänge« kein ausreichendes Zeichen des Göttlichen bedeuten können.

Autorenverzeichnis

Alois Halder
Dr. phil., Professor für Philosophie an der Universität Augsburg.

Paul Konrad Kurz
lic. theol., Dr. phil., Schriftsteller und Literaturkritiker, Gauting.

Cornelia Liesenfeld
Dr. phil., Akademische Rätin am Institut für Philosophie der Universität Augsburg.

Ludwig Wenzler
Dr. theol., Privatdozent für Christliche Religionsphilosophie und Fundamentaltheologie an der Theologischen Fakultät der Universität Freiburg i. Br., Direktor der Katholischen Akademie der Erzdiözese Freiburg.

Josef Wohlmuth
Dr. theol., Professor für Dogmatik an der Katholisch-Theologischen Fakultät der Universität Bonn.